LES SEIGNEURS

ET

LE CHÂTEAU DE BÉTHON

LES SEIGNEURS

ET LE

CHÂTEAU DE BÉTHON

PAR

LE VICOMTE OSCAR DE POLI

Président du Conseil Héraldique de France.

Optimum est habere monumenta majorum.
CICÉRON, *De Officiis.*

PARIS

AU CONSEIL HÉRALDIQUE DE FRANCE

37, RUE DES ACACIAS, 37

1885

LES SEIGNEURS

ET LE

CHATEAU DE BÉTHON

I

INTRODUCTION

La terre et seigneurie de Béthon [1], autrefois Fon-
aine-Béthon, assise, aux confins de la Champagne
t de la Brie, sur une côte élevée d'où le regard em-
rasse un vaste horizon, n'a pas encore eu son his-
orien, et pourtant elle a son histoire, où les noms
lustres abondent, aussi vieille, plus vieille peut-être

[1] Aujourd'hui commune du canton d'Esternay, arrond.
l'Epernay (Marne). Béthon, avant 1790, faisait partie du
anton de Marcilly et relevait de l'élection de Troyes. (Ad.
Guérard, *Statist. hist. du dép. de la Marne*, 1862, p. 209.

que le royaume de France ; car la Rome des Césa[rs]
paraît avoir laissé son empreinte sur cette ter[re]
gauloise. La légende veut que ses bois aient rece[lé]
un temple consacré aux divinités du paganisme [et]
dans lequel aurait sacrifié l'empereur Adrien [1], sa[ns]
doute lorsqu'il traversa les Gaules pour aller gue[r-]
royer dans la grande Bretagne. Quelques vestig[es]
de la domination romaine, découverts çà et [là]
sur le territoire de Béthon, auront donné nai[s-]
sance à la légende ; il se peut aussi que les légions [de]
Rome, selon leur coutume, eussent fortifié ce poi[nt]
élevé et qu'ici, comme en beaucoup d'autres lieu[x,]
un *castrum* ait précédé le castel seigneurial.

Il est certain que Béthon eut autrefois une impo[r-]
tance stratégique, si l'on en juge par son enceint[e]
de fossés, dont se voient encore les traces, et pa[r]
ses fortifications, dont il ne reste que le souve[-]
nir [2].

Dans la période féodale, il a eu des seigneurs d[e]
son nom, et si ce nom ne réveille aucun des presti[ges]

[1] L'abbé Boitel, *Recherches hist. archéol. et statist. su[r]
Esternay et les communes du canton*, p. 177.

[2] G. Lesage, *Géogr. hist. et stat. de la Marne*, p. 256. —
L'abbé Boitel relate que Béthon avait des portes : « La tra[-]
dition a conservé le nom de la Porte aux vaches, à l'ouest [;]
on en a découvert les fondations il y a peu d'années. » *Re[-]
cherches*, p. 170.

gieux souvenirs des temps chevaleresques, il ne faut
pas croire que Béthon n'ait pas ses pages glorieuses.
Peut-être a-t-il connu, comme la plupart des anti-
ques demeures seigneuriales, les fêtes épiques du
moyen âge, les *chevaleureux* tournois, préludes des
héroïques prouesses, les riants concours de spi-
rituelle galanterie, les grandes chasses, image de la
guerre, où rivalisaient de courage et d'ardeur, sur
les nobles palefrois et les blanches haquenées, les
chevaliers, les écuyers, les varlets, les jolis pages,
les gentils damoiseaux et les belles damoiselles.
Peut-être, dans la nuit du moyen âge, ses remparts
disparus ont-ils plus d'une fois été menacés d'un
siège ou d'un assaut ; mais pas un filon de lumière
n'est là pour guider notre exploration ; en vain
avons-nous interrogé les chroniques du temps jadis,
elles sont demeurées muettes ; jusqu'à l'aurore du
xvᵉ siècle, on ne trouve rien ou presque rien ; il semble qu'en s'écroulant, les murs du château féodal
aient enseveli son histoire dans la poussière du
passé.

A l'heure où Jehanne d'Arc, auguste et sainte hé-
roïne, ressuscite la patrie française, l'histoire de Béthon commence, ou plutôt recommence : le contre-
coup des malheurs de la France s'y fait sentir
cruellement et longuement. C'est un grand hon-

neur pour Béthon, mais ce n'est pas son honneur le plus grand.

« Ce qui fait la gloire de Béthon, dit très-justement M. l'abbé Boitel [1], et l'élève au-dessus de toutes les communes du canton d'Esternay, c'est qu'il fut illustré par les hautes vertus et par les miracles de saint Serein. »

La mémoire de ce généreux serviteur de Jésus-Christ est toujours en vénération dans la contrée qu'il embauma du parfum de ses vertus ; son pèlerinage est toujours en honneur ; l'église de Béthon a filialement conservé le pieux fils de Serena comme son céleste intercesseur, et ce n'est pas la seule. Le suave rayonnement de cette admirable vie plane sur Béthon comme une inextinguible auréole, comme un gage splendide d'éternelle protection.

Il y a peu de temps, au cours de recherches historiques, j'eus l'occasion de parcourir le curieux livre qui a pour titre : « La Saincteté chrestienne, « contenant les vies, mort et miracles de plusieurs « Saincts de France et autres pays, qui ne sont dans « les vies des Saincts, et dont les Reliques sont au « Diocèse et ville de Troyes. Avec l'histoire ecclé-« siastique, traitant des antiquitez, fondations et res-

---

[1] *Recherches*, p. 179.

« taurations des Eglises, abbayes et monastères du-
« dit Diocèse. Non encores imprimées ny mises en
« lumière. Recueillie par M. N. Des-Guerrois de
« Jésus, prebstre... de Troyes. A Troyes, chez Jean
« Jacquart, rue de la Corderie, et François Jacquard,
« demeurant rue Moyenne. M. VI^c. XXXVII. Avec
« approbations et privilège du Roy. »

En parcourant ce vieux livre, je rencontrai le nom
de « Fontaine-Béthon », qui m'était particulièrement
connu comme figurant dans un certain nombre de
titres de famille faisant partie de mes archives. Je
lus ainsi la vie de saint Serein, et je fus tout de
suite captivé non seulement par les détails du récit,
mais par la grâce naïve du style. Ce fut alors que je
conçus la pensée d'écrire une brève monographie
des seigneurs et du château de Béthon. Mes recherches ont amplement étendu mon sujet ; puis-je es-
pérer que mes lecteurs ne s'en plaindront pas ?

Je n'ai pu découvrir les armoiries des premiers
seigneurs de Fontaine-Béthon, mais j'ai soin de donner celles de presque toutes les familles qui ont possédé cette seigneurie, ainsi qu'un résumé ou bien un
extrait des actes utiles, soit pour fixer la filiation
ou la chronologie, soit pour édifier le lecteur sur les
us et coutumes d'autrefois.

J'ai le devoir de marquer ma gratitude à M. Henri

d'Arbigny de Chalus, secrétaire-général du Conseil héraldique de France, à qui je dois la découverte de documents intéressants ; à M. Francisque André, archiviste du département de l'Aube, à qui je dois la communication de deux des plus précieux titres de la seigneurie de Béthon ; à M. Pélicier, archiviste de la Marne, qui a bien voulu s'assurer que les archives de son département, non encore classées, ne contiennent aucun titre concernant les seigneurs de Fontaine-Béthon ; à M. Le Brun de Neuville, propriétaire du château de Béthon, et à M. le comte de Vaubercey, propriétaire du château de Mongenost, qui m'ont fait la grâce de mettre à ma disposition, avec le plus courtois empressement, les titres de leur chartrier, utiles à mon sujet.

Je n'ignore pas que la Champagne est terre de savoir autant que d'honneur ; « chevaliers pleuvent ! » disait la devise des sires de Chauvigny ; celle de la terre de Champagne pourrait être : « Erudits pleuvent ! » Qu'ils me pardonnent d'empiéter sur leur domaine natal ; trop heureux serai-je si telle de ces modestes pages les intéresse en leur apportant quelque renseignement sur la Champagne d'autrefois !

Avant d'aborder l'histoire féodale de Béthon, je veux mettre sous les yeux des lecteurs, dans sa candeur originelle, comme la plus exquise préface, la *Vie de saint Serein*, telle que l'écrivit le pieux auteur de la *Saincteté chrestienne*; puis nous discuterons, à la lumière de l'histoire, les objections qu'elle a soulevées.

II

SAINT SEREIN, PRESTRE
(*Sanctus Serenus*)

Sainct Serein nasquit d'une noble maison et famille ; recevant ce beau nom sur les fonts du Sainct
Baptesme, il eut pour père un digne gentil-homme
nommé Hadrien, et pour mère une noble damoyselle appelée Serène, desquels il prist vie au territoire de Metz : si que son nom, à sa seule parole,
déclare son excellence, car, comme l'air clairement
espuré des nues est nommé *serain*, aussi notre sainct
fut appelé Serein, Dieu voulant en ce môt exprimer
la netteté, la bénignité et la sérénité de son âme, de
ce que dès son enfance il s'adonna à servir Dieu, en
telle sérénité de conscience qu'on le voyoit pur

d'âme, et, en ses membres enfantins, y paraissoit une grâce comme celle d'un homme parfaict : et mesme sa piété se portoit tant à la miséricorde devers les pauvres, que tout ce qu'il pouvoit avoir de la maison, il leurs distribuoit en aumosnes, et encore qu'il ne fust pas instruict des lettres divines pour y apprendre la compassion vers les nécessiteux, sa nature et la grâce du ciel l'y portoient : en laquelle vertu, comme ès autres, il alloit croissant de jour en jour, bien instruict de ses parans, mais mieux conduict de Dieu : ils le mirent sous de bons maistres, qui prenoient plaisir à l'endoctriner, voyant son bon naturel, comme, de son costé, advançant en aage, il poussoit plus généreusement son cœur à la vertu et la saincteté de vie ; dès lequel temps aussi, divinement inspiré, il choisit la meilleure part pour marcher dans le chemin estroict qui meine asseurément au ciel.

En ce mesme temps, ès quartiers de Metz, certains se mirent en armes de rébellion contre le roy Dagobert, qui, pour mettre ces esprictz peu obéissans à leur devoir, arma soudain, et y envoya ses bandes et forces, par lesquelles ils feurent réprimez, et le peuple rendu suject à son Monarque. Or, parmy les captifs, fut pris et emmené sainct Serein, jeune et doux enfant, pour demeurer serf comme les autres, en laquelle captivité, (par la divine disposition qui faict toutes choses pour le mieux) il fut vendu cinq escus à un noble comte nommé Boson, qui lors estoit gouverneur d'une partie de la France, et qui, l'ayant acheté, le voyant d'un esprit bien né et d'une bonne espérance, en fit de l'estat.

Peu de temps après, sa bonne mère le chercha de tous costés avec grande tristesse, et l'ayant trouvé, pleine de joie, offrit au comte Boson tout ce qu'il voulut pour sa liberté, qui sans deslay le remit entre ses mains, et tous deux furent contans : Boson, d'avoir cogneu et obligé la maison dont il estoit, et la mère, Serène, d'avoir son bien-aymé fils si heureusement recouvert, qui, ayant sceu sa pleine liberté, craignant de se perdre en la maison de sa mère, ne lui voulut jamais acquiescer pour y retourner, aimant mieux estre estranger et pauvre, afin de posséder l'héritage du ciel, que, dans le monde et ès délices de sa maison paternelle, deve- nir un malheureux tison d'enfer, se ressouvenant de la parole du fils de Dieu : *Qui aime son père et sa mère plus que moy n'est pas digne de moy !* Sa bonne mère pensoit que ce n'estoit qu'une petite chaleur de foy et ferveur de jeunesse, qui tost s'esvanouï- roit, et en pleurant luy dist : « Hé bien ! mon fils, si Dieu dispose ainsi que vous demeuriez en cet estat et icy, j'en suis d'accord, et, encore que je finisse mes jours en douleur, je me remets à sa saincte volonté, et je vous recommande à luy. »

Néanmoins, la prudente mère demeura un mois entier avec luy, pensant le divertir doulcement de sa bonne proposition, mais il lui dist : « Madame, que j'honore plus qu'aucune créature du monde, estimez-vous que, sans raison, Dieu m'ait mis en cet estat ? Je suis avec un bon Seigneur, non plus captif mais libre, auquel obéissant je me rendray plus captif de Jésus-Christ. Si je retourne chez vous, je n'y trouveray que plaisirs, qui pourront perdre mon âme et mon corps, car vous sçavez que les délices ruinent l'un et l'autre, et si, vous, noble damoyselle, ferez, par adventure, des extorsions à vos sujects pour me rendre plus riche, en ce grant mal vous damnant et moy aussi; laissez-moy donc jusqu'à ce que Dieu en dispose autrement ! »

Sa mère, oyant sa résolution, espleurée d'angoisse d'une part, mais, d'aultre costé, contente d'avoir un si sage fils, lui donna un baiser avec sa maternelle bénédiction, et s'en retourna.

Or, le sainct jeune homme, agréable au ciel et à la terre pour la douceur de son âme et de ses vertus, désirant de servir à Dieu seul, avec pleine obéissance à luy et oubliance du monde et de ses convoitises, prioit jour et nuit pour recevoir de luy ses grâces, et d'icelles être heureusement mené dans les sentiers de ses ordonnances; il s'armoit puissamment des austères pénitances contre les sales allèchemens de la chair, de jeûne contre la gourmandise, de silence contre le trop parler, prenant l'oraison dominicale pour s'élever à Dieu, la foy pour son bouclier, la justice pour sa cuirasse, et la charité pour ses armes, afin de repousser les traicts décochez de son ennemy spirituel, comme il arriva du depuis.

Cependant, le comte, voyant en luy tant de vertus et dons du Sainct Esprict, le chérissoit aussi tendrement que son enfant, si que, pressé de cette charité, commença de penser en soy-même par quel moyen il le pourroit eslever sur tous ses domesticques, à cause de son bon naturel et de sa maison, de sorte qu'après s'estre résolu en ce bon advis, il l'appella en particulier et luy tint ces paroles : « Mon fils, je descouvre que l'esprit de Dieu vous assiste, par lequel, sur tous, m'avez ravy mon affection ; je veulx vous constituer le premier en mon Palais, et que vous marchiés après moy, obéy en tout ce que vous commanderés. »

Sainct Serein lui fit responce : « Si j'ay trouvé grâce devant vos yeux, Monseigneur, je vous prie de ne point me juger propre qu'à la garde de vos trouppeaux, car je suis tout ignorant des autres sciences ; que s'il vous plaist m'y emploier, comme je le désire, sachés que vous en verrés et recevrés les profictz.

Il le disoit par une profonde humilité, et pour mieux vacquer à la science et contemplation des choses divines.

Le comte fut esmerveillé de ces paroles ; néanmoins, encore qu'il le trouvast capable de grandes affaires, pour le contenter, il lui donna ce qu'il demandoit. Le sainct aussi s'y emploioit de mesme que les Saincts Patriarches, qui méditoient en gardant leurs trouppeaux : et sainct Serein y donnoit si bonne diligence, que les bestes féroces n'en faisoient point leur curée : et comme, en ce temps, le fils du mesme comte alloit journellement au monastère de Neesles, pour y apprendre les sciences, et estre instruict en la vertu par les religieux de ce lieu, sainct Serein en cachette s'y acheminoit avec luy, laissant ses troupeaux, non pas à la gueulle, mais à la garde des bestes féroces qui vivoient ensemble par une spéciale Providence de Dieu, lequel accomplissoit cette ancienne prophétie : « *Le loup et l'agneau brouteront l'herbe ensemble, le bœuf et le lyon seront couchés sur la mesme paille.* »

Or, ces deux jeunes gentils-hommes estudians chasque jour, sainct Serein estoit si vif à l'estude des lettres qu'en brief il fut plus docte que ses compaignons, n'en cédant guère à son maistre : il y apprit encore la rhétoricque et autres doctrines humaines, plus particulièrement la science des saincts, qui est celle de vivre en l'esprict de Dieu et en ses commandements, en laquelle il excelloit ; il ne manqua pas aussi d'y lire souvent et apprendre son psaultier.

Retourné qu'il estoit de l'estude à ses trouppeaux, au son de son cor ils accouroient en grant nombre, se trouvant plustost accreus que diminuez : il passa en cet exercice trois ans et demy, et sans doute des anges régissoient ses trouppeaux pendant qu'il vacquoit à l'oraison et à l'estude, outre les grandes abstinences dont il macéroit son corps, qu'il n'est pas besoin de déduire par le menu.

O l'homme tout admirable, doulx en ses paroles, paisible en ses actions, miséricordieux vers les affligez, chaste en son corps, refrènant sa cholère vers ceulx qui lui faisoient injures, si doué de rares vertus, et notamment de la compassion vers les pauvres, qu'il leur donnoit en aumosnes tout ce qu'il avoit pour son vivre ! Il estoit tout à tous ; mais l'ennemy du genre humain, ne pouvant souffrir une conversation si céleste, se foura dans l'esprit de quelques envieux, lesquels devinrent comme chiens enragez contre le sainct et l'accusèrent vers le comte Boson : « Monseigneur, dirent-ils, ce maladvisé que vous pensiez vous estre fidelle serviteur, auquel aviez mis en main vos trouppeaux, qui vouloit vivre comme un Abraham et Jacob, est le loup mesme qui les dévore : ja trois ans et demy sont qu'il n'y pense pas seulement, ne faisant qu'aller voir les moines de Neesles, et y estudier avec Monsieur le Baron vostre fils, et, au mespris de vostre bien, a tant estudié qu'il lui semble qu'il est maintenant un grant clerc, et sçavant plus que son maistre, dont nous vous portons parole asseurée que vos trouppeaux sont à demy perdus, qui dérobez des larrons, qui dévorez des bestes ; enfin, c'est un pauvre mesnage, dont ne tirerés jamais un liart de profict.

Boson, entendant cela, se sentit pressé de cholère, et se délibéra de surprendre son homme Serein pour découvrir la vérité du faict.

Un jour, lors que moins on y pensait, il prisf les calomniateurs malins, et s'en alla trouver le Sainct, voulant expérimenter les rapports, et, l'ayant appellé : « Comment cela, luy dit-il, avés-vous pris en main mes trouppeaux pour vacquer à vos estudes, ou oisiveté plustost, les abandonnant à la gueule des loups et aux mains des larrons? Est-ce là votre prud'hommie? »

Le Sainct, faisant confusion à ses envieux : « Monseigneur, lui dit-il, vous estes mal informé, je vous ai tenu mes promesses, et recevés vos troup-peaux plus abondans et meilleurs que jamais : mes estudes et mon oraison n'ont préjudicié à voître ser-vice ; Dieu en est le seul tesmoin et protecteur ! »

Quelques personnes estoient la présentes pour voir ce spectacle (comme on court tousjours à quel-que mal) ; le Sainct donna un coup de son cor, et du plus profond des bois arrivèrent les divers troup-peaux en bon poinct et en grande bande : « Voilà ce que je vous ay promis, dit le Sainct ; maintenant je remets tout entre vos mains, et estant libre, je m'en vais vacquer à Dieu seul; je ne serai plus à vos reprises. »

Boson, comme font les Grands, s'estima picqué de ses paroles, d'où, sur le champ, il voulut char-ger force bastonnades sur le dos de l'homme de Dieu, tant la fougue l'avoit surpris ; mais la vertu divine, à qui sainct Serein servoit de tout son cœur, ne le permist pas, montrant combien ce Sainct es-toit de grand mérite, car, soudain que Boson eust prins le baston pour le frapper, sa main devint seiche, tellement qu'il ne la pouvoit estendre, outre une soif si fiévreuse, qu'il s'escria que c'estoit faict de lui et s'en alloit mourant si on ne luy bailloit un verre d'eau.

O double punition du ciel pour son forfaict et trop grande ingratitude ! Ses estaffiers coururent ça et là pour trouver un peu d'eau afin de le rafreschir, et il n'y en avoit poinct, sinon une fontaine nommée Danile (*Danilis*) fort esloignée de là ; mais il fust sorti du monde avant qu'on luy en eust apporté. Las ! que fera Boson ? L'ardeur de la fièvre le va tuant ; mais sainct Serein, plus miséricordieux qne l'autre n'estoit cruel, voulant rendre le bien pour le mal, espanchant ses mains au ciel avec son oraison, demanda la faveur de Dieu pour luy en ces mots : « Seigneur tout puissant, qui d'une roche avés tiré les eaux en abondance ès déserts, de peur que vostre peuple d'Israël, mené par un ange, n'y mourust de soif, ne regardés point de l'œil de vostre justice nos iniquitez passées, mais que maintenant vostre puissance nous donne une veine d'eau vive en ce lieu, afin que le corps bruslé de ce pauvre malade en soit rafraischy et restauré ! »

Cela dict, comme un autre Moyse il frappa la terre, et en sortit une abondance d'eaux salutaires, si qu'un ruisseau s'engrossist alors comme une rivière, qui, du depuys, se restressissant, s'est tourné en une belle fontaine qui se void à présent.

L'homme de Dieu, rendant grâces au magnificque donateur de tous biens, en prist un grant vase et, le bénissant du signe de la Croix, le donna au seigneur Boson à moictié mort, qui, en ayant beu, tout son corps retourna en sa pristine vigueur et santé : au mesme instant, se jettant aux pieds de sainct Serein, lui tint ces paroles : « Bon Serviteur de Dieu, je confesse que vous estes libre, et quant vous ne le seriés pas, dès à présent je vous absoudrois de tout service en mon endroict, désirant que vous le fussiés pour servir à Nostre Seigneur Jésus-Christ, qui, par vostre prière, m'a deslivré de la mort trop deüe à mes offences : mais dadvantage, dès ce jour, je vous donne pouvoir de choisir ce que vous désirerés de mes forests et possessions, pour y dresser une cellule et maison ; y prenant aussi les aultres nécessitez convenables à vostre vie que vous avés dédiée à Dieu, usés-en comme du vostre, je vous en conjure ! »

Le sainct homme, se voyant tant importuné, donna consentement à sa requeste, et la coignée, de laquelle il coupoit du bois à sa nécessité, servît à désignor co qu'il on auroit ; il la jetta de sa main ; qui croiroit cela ? Le ferrement, porté de la main des anges plustost que de la force humaine, vola fort loing, et, frappant contre un gros chesne, en fist sortir une source de doulx huille, qui dura long tems à couler !

O que Dieu est puissant ! En l'ancien testament, il tira l'eau de la pierre, et l'huille d'un caillou très-dur ; or, il fait couler l'huille d'un arbre ; par cette merveille, Dieu vouloit tesmoingner qu'en ce lieu il devoit construire une demeure religieuse pour soy, où avoit abondé l'huille, c'est-à-dire l'onction du Sainct-Esprict ; ce qui est arrivé, en effect, du depuys ; si que tous ceux qui estoient présens en glorifièrent Dieu et l'en remercièrent. Ce que voyant, le comte, rempli d'une grande joye, tant pour sa santé que pour ces merveilles, donnant au Sainct un baiser de paix, s'en retourna en son palais, et, du depuys, sainct Serein fut estimé grant amy de Dieu, et favorisé du ciel en vertus et en miracles.

Le Sainct, se voyant libre, s'applicqua de toute son âme à Dieu pour le servir, et, encore qu'il semblât vivre parmy les hommes qui le visitoient, allans chercher son secours, toutefois son âme saincte se maintenait ès pensées Divines parmi les anges, accomplissant ce que dit l'Apostre : *Nostre demeure est dans les Cieux.*

Il estoit tant absorbé de bonnes affections, que

son cœur estoit en perpétuelle contemplation, et, transporté en des oraisons jaculatoires, tantost il s'escrioit intérieurement : « Mon Dieu, je suis tout à vous ! » Tantost il pensoit : « O que vos célestes tabernacles sont bien aimez de mon cœur ! » Ores, d'une part il disoit : « Bienheureux sont ceux qui habitent en vostre palais ! » Et d'aultre costé, il ruminoit les ordonnances de Dieu.

Or, beaucoup de temps après, il lui vint une inspiration puissante de s'acheminer à Rome pour visiter les lieux saincts, signamment les sépulcres des Apostres sainct Pierre et sainct Paul, dont il avoit grant désir de participer à leurs grâces : il se ressouvenoit qu'en cette ville, le Chef du monde comme de la Chrestienté, il y avoit tant de relicques sacrées ; il brusloit d'un grant désir d'en voir et avoir quelque chose, et, de plus, d'apprendre parfaictement l'institut de la vie religieuse ou canoniale, comme l'événement en donna son asseurance du depuis ; pour ce pélerinage, accompagné seulement de quelque garçon, le voilà prest : il se met en chemin, mais Dieu, qui mena Tobie en Ragès par l'Ange sainct Raphaël permist que sainct Serein, à l'entrée de son voyage, rencontra un Ange pour sa conduicte, jusqu'à ce qu'il arrivast au sainct lieu.

O qu'il n'est pas possible de dire combien il mor-

tifioit son corps par froid dans les Alpes, par faim
dans les longs chemins, par soif dans les grandes
chaleurs, par veilles dans ses dévotions, par prières
dans les lieux saincts !

Enfin, il arriva en la saincte ville de Rome,
joyeux que Dieu lui avoit faict cette grâce d'y venir sans mauvoise rencontre : Là, il y demeura sept
ans et demy, ne se pouvant rassasier tantost d'aller
ès lieux des Saincts, tantost de rechercher leurs
actions vertueuses, pénibles souffrances et san-
glans martyres, et tantost d'honorer la pure inté-
grité des Vierges, desquelles avec grande diligence
il en descrivoit les vies, les passions et la mort, et
les gardoit encore plus soigneusement.

Le temps de sa demeure accomply, sainct Serein
se disposoit à son retour en France, pour revoir sa
petite cellule ; sur son despartement, une nuict,
Dieu, duquel la Providence gouverne tout, en vision envoia un Ange au Sainct Père Jean, qui siégeoit en la Chaire Apostolicque, luy commandant :
« Demain, du matin, levez-vous, et cherchez un ecclésiasticque de la France nommé Serein, qui est
venu en cette ville, et il y a quelques années qu'il
y faict sa demeure : dès son bas aage, il est un des
fidelles amis de Dieu ; il n'a point jamais manqué
de luy rendre son obéissance : aussi est-il venu par

inspiration du Ciel en cette ville, pour visiter les lieux des Saincts, apprendre leurs vies, et s'informer ès institutions de la Vie Canoniale où il a emploié sept ans et demy, délibérant de s'en retourner en son pays. L'ayant trouvé, ne faillez pas de luy conférer les Saincts Ordres, car il est capable de servir en l'Eglise estant initié au degré de la sacrée prestrise ; et quand il sera oingt de l'huille saincte, prenez des reliques des Saincts avec leurs petites chasses qui sont sur l'autel de sainct Pierre, et faictes luy en part de bon cœur, luy fournissant toutes les nécessités pour son retour. »

L'Ange de Dieu ayant prononcé ces paroles au Pape, disparut : or, dès que le jour commença d'esclairer, le sainct Pontife, se levant de son repos et ressouvenant de la vision angélicque, fut en grande sollicitude où il trouverroit ce sainct homme : il envoia des ecclésiasticques et aultres en bon nombre par tous les saincts lieux de Rome pour le trouver, avec la plus grande diligence qu'il seroit possible, qui, enfin, le trouvans en un petit lieu d'oraison, vacquant à ses prières, trouvé qu'il fut, il le menèrent au Sainct Père avec honneur, duquel il fut receu de bon œil :

« Comment, mon frère, luy dit-il, comment vous estes-vous caché si long temps, demourant parmy nous, incogneu en la Cour Romaine, et de moy particulièrement, qui fais grant estat des gens de bien? Que ne nous advertissiés-vous de vostre arrivée, afin que vous en receussiés aussi vos nécessitez? Pensés-vous que la piété ne soit pas aussi bien logée en nos âmes comme elle se void sur nos autels? Je ne l'eusses point sceu, si, de la part de Dieu, son Ange ne m'en eust donné la nouvelle. C'est pourquoy demeurés avec nous encore quelque temps, jusqu'à ce que toutes les choses qui me sont commandées de vous faire soyent accomplies : Vous n'avés besoin de nous, par advanture, mais nous avons besoin de vous : Demeurés avec nous ! »

Or, le temps permis aux clers d'estre promeus aux S. Ordres estant arrivé, sainct Serein fut appellé devant le Pape, qui luy parla en cette sorte : « Nous sçavons bien, mon très-cher frère, que Dieu vous a choisy pour estre son fidelle officier dans la consécration de la saincte Prestrise, afin que vous luy offriés le précieux mystère du corps de son fils, et des oraisons en odeur de suavité, priant pour tous les péchés du peuple ; approchés-vous donc, que vous receviés maintenant cette béniste consécration, afin qu'avec les autres amys de Dieu il soyt dict de vous que vous estes le bien-aymé serviteur de vostre

Souverain Créateur, et son prestre en l'ordre de Jésus-Christ préfiguré par Melchisedech. »

A quoi le Sainct respondit avec une profonde humilité, estant de genoux : « Sainct Père, encore que devant Dieu et les hommes je confesse que je suis indigne de recevoir le don d'un si sainct office, néanmoins la volonté de mon Sauveur si bénin soyt accomplie ! »

Le Sainct Père, le Collège des Illustres Cardinaux, et tout le clergé là présent, entendant ces parolles, et recognoissans en sainct Serein quelque chose plus que d'humain, bénirent Dieu, de ce qu'il deignoit eslire à son service un si sainct Prestre ; alors, avec honneur il fut mené devant le sainct autel, la saincte Prestrise lui fut conferrée avec les cérémonies ordinaires, et ainsi, du depuis, il fut Prestre, ayant toutes les vertus si convenables à une charge si divine.

Ayant receu cet ordre sacré, il pensa diligemment à son retour en France, en demandant permission au Sainct Père, qui eust bien désiré le retenir dans Rome pour sa pure vie, mais il n'ausa pas, et luy en donna licence avec tout ce qu'il estimoit estre nécessaire pour le chemin, excepté qu'on ne luy donna pas les Relicques sainctes (comme il esperoit) selon l'ordonnance du Ciel : Sainct Serein, voyant qu'on ne lui parloit point de ces prétieux joyaux des Saincts, que sur tout il désiroit, leurs dist : « En vérité, soyés asseurez que je ne sortirai point de cette ville jusqu'à ce que le commandement de l'Ange soyt accomply, de sorte que, pour ce faire, le peuple et le clergé furent assemblez, auxquels il fut ordonné de jeusner quelques jours pour descouvrir de Dieu si la prière du sainct prestre qui demandoit les sacrées Relicques seroit intérinée : les jeusnes accomplis, tout le monde fut d'accord qu'il les receust, puisque l'Ange l'avoit commandé : Donc, il les eut, et, après avoir baisé les pieds du Sainct Père, il s'en revint en France : C'estoit une merveille que, parmy son voyage si pénible, où il ne marchoit qu'à pied, il accomplissoit si exactement ses jeusnes, comme s'il eut esté en repos dans son hermitage. Il estoit fort remarquable en ses actions ; si, de nuict, il estoit retiré, ce n'estoit qu'en veilles et oraisons, ne reposant que bien peu ; si dans le chemin, il marchoit plus attaché au Ciel qu'à la terre par ses méditations : Si en quelque Eglise, il ne faisoit que prier en grande attention : S'il trouvoit compagnie parmy son voyaige, il ne leur parloit que de Dieu : s'il rencontroit quelqu'un en quelque encombre, il lui prestoit la main pour le retirer ; s'il trouvoit des pauvres, il leurs donnoit la plus grande part de si peu de pitance qu'il avoit.

Un jour, devant qu'il fust arrivé aux Alpes, traversant le fleuve du Po, il trouva sainct Eloy s'acheminant à Rome, auquel, pour sa grande joye qu'il avoit de posséder des sainctes Relicques, les luy ayant monstré, asseura qu'elles lui avoient esté données de la main du sainct Père Jean, Pape 4° du nom : sa simplicité et confiance fut cause que ce sainct Evesque s'en saisit et les emporta par force, non qu'il y eust de l'inimitié entre les deux saincts, mais pour autant que sainct Eloy, homme de grande vertu, estoit désireux de posséder ce sainct trésor, aussi bien que saint Serein qui en estoit le vray possesseur, d'où nostre sainct, fort attristé de s'en voir privé, commença de protester qu'il ne passeroit pas plus outre, que ses sainctes richesses ne lui feussent rendues : au mesme moment, il se mist en oraison devant Dieu, le suppliant de regarder l'injure qui lui estoit faicte, quand on l'avoit despouillé de ce précieux joyau des relicques ; que puisque c'estoit par son mandement qu'elles lui avoient esté données, par son mesme commandement elles lui feussent rendues, qu'il n'avoit point d'autre soulas que ces parcelles sainctes, sans lesquelles il ne pouvoit marcher plus avant.

Chose merveilleuse ! Sainct Serein n'avait pas encore accomply son oraison que la petite navire, dans laquelle passoit sainct Eloy traversant le Po, s'arresta court au bord, que ny la force des matelots, ny la poussée des avirons, ni la véhémence des vents ne la peurent faire démarrer, ce qui estonna grandement sainct Eloy, qui recognoissant sa faute, pressé de crainte, et voyant que Dieu ne vouloit pas qu'il les retinst, mais qu'elles feussent rendues à son serviteur, le supplia de retourner vers luy, n'ignorant pas que c'estoit un homme de saincte vie et grant mérite, avec promesse hautement faicte qu'il vouloit les luy restituer. Alors le prestre, remply d'une joye extraordinaire, accourut, marchant sur l'eau, qui se rendit solide à ses pieds, comme autrefois firent celles de la mer à sainct Pierre.

Arrivé qu'il fust, sainct Eloy l'embrassa aimablement et, luy donnant un baiser de paix, luy dist : « Ha ! saint homme mon frère, je vous ay offensé de vous retenir vos sainctes relicques ; je vous en demande humblement pardon ; les voilà, je vous les rends ; seulement priés Dieu qu'il bénisse mon voyaige ! Un frère qui est aidé de son frère, c'est une ville imprenable. »

Sainct Serein fut plein de liesse d'avoir recouvert sa perte, et au mesme temps, la barque démara de la place, si que les deux saincts demourèrent grands amys du despuis ; d'un costé, sainct Eloy poursuivit son chemin de Rome, et d'autre part sainct Serein tint celuy de France ; mais, avant que de se congédier l'un l'aultre, il supplia instamment son amy sainct Eloy que retournant de Rome, il prist la peine de passer près de sa petite celle ; le sainct Prélat luy promist.

Le sainct prestre, ayant passé les monts et les chemins fascheux de son pélerinage, enfin retourna heureusement en son petit oratoire et celle, plein de santé du corps, de contentement de son âme et des richesses sainctes, au retour duquel tous ses amys et voisins, qui avoient connoissance de sa saincteté, ne feurent jamais plus remplis de liesse qu'alors qu'ils le virent ; ils en firent les feux de joie, chacun l'alla visiter et s'en conjouir avec luy : du despuis, il leurs sembloit si grave, et si digne d'honneur, à cause de l'esclat de ses vertus et mérites, que personne n'ausoit contredire à sa volonté, qu'on tenoit toute conforme à Dieu.

O chose remarquable en luy ! Son visage resplendissant luysoit comme la face d'un ange, et, de là, l'on pouvoit aisément juger la beauté intérieure de son âme : l'on recognoissoit en ses mœurs une tempérance si grande qu'elle sembloit plus divine qu'humaine : au regard du culte qu'il rendoit à Dieu, il y avoit un esprit tout dévot et un amour inexpuisable. S'il prononçoit quelques parolles, elles estoient toutes confites dans le sel de la sagesse et de la modestie ; il n'avoit point d'œil pour voir la volupté, point d'oreilles pour ouir les médisances, point de pensées pour donner à la légèreté, point de paroles pour blasmer aucun, et ne voyoit-on rien procéder de luy, que ce qui ressentoit Jésus-Christ buriné en son âme, et bien exprimé en ses mœurs. Au reste, vers les pauvres pélerins et estrangers, il n'y avoit que secours et faveurs qu'il leur faisoit en tout et tous-jours, leurs donnant de quoy se vestir et nourrir, et toutes ces vertus, actions du ciel et miracles du sainct, étaient appuyées sur Jésus-Christ, la pierre ferme où tout bastiment spirituel est dédié à Dieu.

En la mesme année, sainct Eloy, retournant de Rome, obligé de visiter sainct Serein pour accomplir sa promesse, ou par oubliance ou par autre occasion, passant fort près, ne le fist pas, et tout soudain un aveuglement le surprist, qui fut cause que, bon gré maugré luy, fut contrainct de rebrousser son chemin pour le voir, et cependant le sainct prestre avec grande affection l'attendoit, ignorant la peine de cette cécité qui lui estoit arrivée. Sur cette attente du sainct, voicy arriver un messager qui lui porte la nouvelle que l'Evesque de Noyon sainct Eloy le vient saluer, mais affligé et en grande douleur, car il a perdu la veüe : ce qu'ayant ouy, sainct Serein luy accourut au-devant, et tous deux par une cordiale charité s'estant saluez, de joye ne peurent tenir leurs larmes.

Entre ces complimens, sainct Eloy luy dist : Voyés mon frère, comme l'aveuglement m'a surpris pour vous avoir promis et non tenu mes promesses! *Il faut peu de péché pour encourir de la peine et le mécontentement de Dieu.* Je vous prie, aidés-moi de vos prières pour recouvrer ma veüe l Alors sainct Serein, se prosternant en terre, et adressant humblement sa prière à Dieu, le pressa si puissamment par ses larmes, qu'il obtint la réparation de la veüe à son amy saint Eloy :

Les Saincts font des fautes aucune fois, mais les Saincts les réparent, et le Sainct des Saincts y pourvoit. Pour ce bienfaict receu de Dieu, eux se resjouissans l'en remercièrent, et, le louant de ses merveilles, arrivèrent tous deux à la Celle, où sainct Eloy y demeura un an et demy, vivant en repos, et méditant les moyens de consacrer à Dieu le tabernacle de son âme.

Ces deux saincts, bien liés dans l'esprict de Dieu,

faisoient prières continuelles, qu'il luy fust agréable de leur descouvrir le jour et la fin de leur terrestre pélerinage, ce qu'ils impétrèrent ; quoy accomply, s'entre saluans l'un l'autre, se congédièrent ; sainct Eloy retourna dans son Evesché, et nostre sainct Prestre demeura en sa Celle.

Qui pourrait dignement nous raconter sa patience, sa pureté, sa discrétion en paroles, sa bénignité en compagnie, son zèle en sa piété, et sa continuelle méditation de jour et de nuict ? Pour luy donner ses vives couleurs, il estoit deffenseur de la foy, l'ornement des Eglises, le Prédicateur de la grâce, celui qui appaisoit les querelles, qui ensemençoit les germes de charité, qui régloit les meurs, qui donnoit bon conseil, et qui asseuroit les âmes en une bonne discipline : Jamais on n'a ouy sortir de sa bouche une détraction, un mensonge, une malédiction, et, davantage, il ne les pouvoit ouir. Jamais il n'eut de querelles ou d'inimitié, et non seulement il prioit Dieu pour ses amis, mais encore pour ses ennemis ; jamais il n'a enseigné de parolles qu'il n'ait faict par de bonnes œuvres. Il ne passoit pas une journée qu'il ne se jettât dans la fervente méditation, si que la contemplation de son cœur estoit tousjours portée à Dieu, le révérant et adorant. Enfin, lors qu'il vacque à tant de bonnes actions, et qu'il surmonte puissamment son ennemy spirituel, dans l'ordinaire combat de sa bonne vie, la mort lui donna son assault et l'emporta : sa saincte vie produit une saincte mort, et son âme bien aymée de Dieu, ja long-temps enchaisnée des liens de son corps, dissoute d'iceulx, s'envola vers son Créateur, libre de la servitude du monde et de ses misères : il mourut donc et fut mis en sépulture, et s'y opéra tant de miracles à son tombeau que c'est merveilles.

Les malades y recouvroient leur santé, les boiteux leur marcher, les démons estoient chassés des possédés, et, par l'intercession du Sainct, nostre Seigneur faisoit beaucoup de bienfaicts aux hommes qui l'invoquoient. Gloire en soyt au **Père**, **Fils** et **Sainct-Esprit** ! Ainsy soyt-il !

Beaucoup de temps après ces choses, il advint que le corps de sainct Sébastien, insigne martyr, fut apporté en France de Rome en la ville de Soissons, (en 815). Le chemin de ce transport se fist par la Champaigne et proche le prieuré de la Celle, où le peuple qui y assistoit fut d'advis d'y faire reposer ces sainctes relicques dans l'Eglise, par la divine providance (croyons-nous), il advint que ce sacré corps ne peut estre remüé de là pour l'emporter dehors, bien qu'il s'y emploiast une grande quantité de monde. Chacun se mit en oraison afin qu'il pleust à Dieu leurs descouvrir ce qu'ils devoient faire : parmy eux, un Ecclésiasticque, le plus sage de la compaignie, leurs donna ce bon conseil : « Si vous voulés me croire, mes amys, dist-il, vous porterés les relicques du sainct martyr dans le chœur et sur le maistre autel de sainct Serein ; paradventure que vous obtiendrés de Dieu ce que vous lui demandés ! »

Eux, à ce conseil, prenant ce sainct corps pour l'y transporter, le trouvèrent si léger qu'il ne sembloit avoir aucun poids : auquel lieu il demoura un long-temps (Dieu octroiant des bienfaicts en abondance à tous ceux qui visitoient ce sainct lieu), et, depuis, avec grande révérence le portèrent aisément en la ville de Soissons, où il est encore à présent, et c'est de là que, dans le prieuré de la Celle, y est le crane du chef de sainct Sébastien.

Cependant, Dieu opérant de si grands miracles aux relicques de sainct Serein, la renommée en courut de tous costés, et tout le monde y accouroit pour y trouver remède à leurs maladies : elle vint jusqu'aux oreilles des magnificques et chrestiens Roys Charles et Pépin, qui, avec Berthe, la Royne Blanche, leurs mères, s'acheminant jusqu'au bourg de la Celle, voulurent visiter l'oratoire de sainct Serein, où estant bien receuz du Prieur et des Religieux, entrant en son Eglise, supplièrent Dieu humblement que, par les mérites de sainct Serein, il daignast leur donner pardon de leurs offenses, et prospérité au peuple François, et, afin qu'ils fussent plutost exaucez, ils enrichirent grandement cette Eglise, se recommandant aux oraisons du Sainct, et de là, joyeux, s'en retournèrent en leurs palais.

Beaucoup de temps après, vint en France une guerre d'ennemys si puissans qu'on en trembloit de peur : or, ces deux Roys, assmblés au Chasteau de Sainct-Médard avec leurs armées, envoièrent se recommander à Dieu sous l'invocation de ces deux saincts Médard et Serein : ils donnèrent donc la bataille contre les ennemys qui, puissans et en grande quantité, néanmoins furent deffaicts : dont les deux Roys s'en retournèrent joyeux, remercians Dieu de la victoire heureuse à leur estat, confessans qu'ils l'avoient gaignée non point par la force ou le grand nombre de leurs gens, mais par les intercessions de sainct Serein, dont ils bénirent la bonté du Créateur, auquel soyt honneur et louange ! Voilà son histoire.

Recognoissons qu'il y a en nostre Diocèse trois Eglises dédiées à Dieu sous le nom de sainct Serein : le prieuré et Eglise parochiale de la Celle, qui est la plus antique. 2° l'Abbaye et Eglise de Chante-merle. 3° l'Eglise parochiale de Fontaine-Betton. La feste de sainct Serein est célébrée le second jour d'octobre, et se faict solennellement en ces lieux, particulièrement dans l'Eglise du Prieuré de la Celle, où sont ses relicques en une châsse sur le grant autel, avec celles de sainct Sébastien, qui sont à part. Molan, sur Usuard, en faict mention : « *Ipso dei sancti Sereni confessoris.* »

Pour confirmer cette histoire, les Annales de France disent que Dagobert fut, par son père Clotaire II, faict Roi de Mets, et que quelques Saxons et Metsins luy firent de la fascherie environ 630. Si est-ce qu'il les rangea à leur devoir. Quant à Boson, qui l'acheta, il est parlé d'un puissant seigneur Boson, sous le roy Gontran, qui fist la guerre aux Espagnols, selon l'histoire de Jean Blicarensis, cité par Baronius l'an 591. c. 39, et de Boson encore, du temps de Brunehault, en 613, dans la vie sainct Lupien : de plus, le Pape Jean IV° siégeoit en l'an 639, auquel temps vivoit aussy sainct Eloy ; tellement que toutes ces personnes bien cognües, dont il est parlé dans cette vie de sainct Serein, l'appreuvent et lui donnent crédit très-convenable à la vérité : Touchant ce qui est dit des Roys Charles et Pépin, fils de Berte, plustost nous avons à dire qu'au lieu de Pépin, il faut dans le texte Carloman, fils de Pépin le Bref, et frère de Charles le Grand, qui eurent pour mère cette Berte[1].

[1] Des Guerroys, fos 155 vo à 163.

III

CRITIQUE DE LA VIE DE SAINT SEREIN

La *Vie* que l'on vient de lire a été résumée en ces
termes par Mr G. Lesage, en 1839[1]:

« Sous le règne de Dagobert Ier, un comte Boson
qu'on croit avoir été gouverneur d'une partie de
l'Austrasie, et qui possédait des terres considérables
aux environs de Villenoxe et de Nesle-la-Reposte,
remarqua, parmi quelques prisonniers de guerre
qui lui avaient été vendus, un jeune soldat nommé
Serein, qui se distinguait par ses talents et par sa
piété. Le comte, l'ayant pris en affection, le fit étu-
dier à l'abbaye de Nesle ; devenu fort instruit, le

[1] *Géogr. histor.*, p. 256.

jeune homme fit à Rome, en 641, un voyage pendant lequel il gagna l'estime du pape Jean IV. Ce pontife le fit prêtre ; puis Serein revint dans son pays, où, il mourut, vers 650. Après sa mort, il fut canonisé, et l'on bâtit trois églises sous son invocation : celle du prieuré de la Celle-sous-Chantemerle, celle de Chantemerle [1] et l'église paroissiale de Fontaine-Béthon. »

M. l'abbé Boitel, en 1850 [2], a donné les traits principaux de la vie de saint Serein, d'après Des Guerroys, qui, lui, n'avait guère fait que traduire une vie du Saint écrite en langue latine, très-probablement au commencement du XIIᵉ siècle, et dont l'original se trouvait au prieuré de La Celle-sous-Chantemerle [3]. Quant aux *Actes* de saint Serein, ils étaient conservés dans les archives de l'abbaye de Chantemerle, où Jacques Cousinet, chanoine régulier de Saint-Augustin, en prit une copie qu'il transmit en

---

[1] Henri Iᵉʳ, comte de Troyes, fonda l'abbaye de Chantemerle sous l'invocation de saint Serein, avec l'approbation du pape Adrien IV, confirmée par une bulle d'Alexandre III, donnée à Paris, le 18 des calendes de mai 1165. (Bollandistes.)

[2] *Op. cit.* p. 179-183.

[3] Bolland., p. 345 : « Vita fabulosa, auctore anonymo, ex codice ms. sacrarum lectionum Prioratus cellæ subtus Cantumerulam. »

1682 au savant jurisconsulte et diplomatiste Papebroch [1] ; celui-ci l'inséra dans le recueil des Bollandistes [2], qui, dans l'examen des actes de saint Serein, inclinent à la considérer comme fabuleuse. Une étude approfondie ne me permet pas de partager leur sentiment. Les pieux panégyriques apocryphes, écrits au moyen âge, pèchent invariablement par les anachronismes, à l'abri desquels ne sont même pas toujours les récits les plus authentiques. Je considère comme un devoir envers les populations de Béthon, de Chantemerle, de la Celle-sous-Chantemerle, de Châtillon-sur-Morin [3], de toutes les paroisses où se vénère la mémoire de saint Serein, de réfuter les doutes et les objections qui tendraient à la rejeter dans les limbes de la légende.

Quels sont les actes principaux, les traits probants de la *Vie* du Saint ?

Dans une rébellion des Austrasiens réprimée par Dagobert Ier, un noble enfant de Metz, Serein, en-

[1] Disco id... ex notitia quam subnexam invenio actis S. Sereni, quæ Rev. Dom. Jacobus Cousinet, canonicus reg. S. Augustini, antiquis ecclesiæ Cantumerulensis chartis ipso in loco evolutis, ad Papebrochium nostrum anno 1682 transmisit. (Bollandistes).

[2] *Acta sanctorum*, octobre, tome I, p. 337-353.

[3] Commune du canton d'Esternay. Son église célèbre la fête de saint Serein le 13 juin.

core adolescent, est pris par les hordes victorieuses et vendu à un très-noble duc et comte du nom de Boson[1], gouverneur d'une partie de la France, et dont le fils est élevé au monastère de Nesle-la-Reposte. « Saint Serein, en cachette, s'y acheminoit avec luy » ; bientôt il devient plus savant que son jeune maître. Lorsque Boson, soudainement puni d'avoir voulu maltraiter Serein, va périr faute d'un peu d'eau, car la seule fontaine du pays, la fontaine Danile, est loin de là, Serein, « comme un autre Moïse, frappa la terre », et il jaillit une source d'eau vive. Alors Boson, dans sa reconnaissance, rend à son sauveur la liberté et lui fait don d'une partie de ses « forests et possessions, pour y dresser une cellule et maison ». — « Beaucoup de temps après », Serein fait le pèlerinage de Rome, où il demeure sept ans et demi ; puis il se dispose à regagner la France, mais le pape Jean IV le retient et, au bout de quelque temps, lui confère les ordres sacrés en présence du collège des Cardinaux ; après quoi, il quitte Rome, emportant de précieuses reli-

[1] « ...Quem, disponente Deo, emit dux et comes nobilissimus, nomine Boso, v solidis. » Extr. de la *Vie* ms. de S. Serein. Dans Du Chesne, *Script. franc.* t. I, p. 655. — Le nom de *Boson* signifie « enfant de la forêt ». (Marchangy, *La Gaule poétique*, t. IV, p. 234).

ques. Approchant des Alpes, il roncontre saint Éloi, qui se rend à Rome et lui promet, à son retour, « de passer près de sa petite celle », ce qu'il fait « en la mesme année ». Éloi y demeure un an et demi, et, peu de temps après son départ, saint Serein s'envole dans la patrie céleste.

Examinons maintenant si les témoignages de l'histoire concordent avec ces faits et ces dates. Tout d'abord, notons que, du temps de saint Serein, le royaume d'Austrasie « comprenait le pays rémois[1] ». Il est donc présumable que le territoire actuel du canton d'Esternay, et par conséquent celui de Béthon, faisaient partie de ce royaume.

Dagobert Ier, le prince débonnaire de la légende et de la chanson, fut fait roi d'Austrasie en l'an 622, du vivant de Clotaire II, son père, sous la conduite de saint Arnoul, évêque de Metz. Clotaire étant mort en 628, Dagobert lui succéda aux royaumes de Neustrie, de Bourgogne et d'Aquitaine, et conserva celui d'Austrasie jusqu'en 631 qu'il le donna à son fils saint Sigebert, pour apaiser le « mécontentement des Austrasiens qu'il avoit accablés d'impôts[2]. » C'est donc entre les

---

[1] Moréri, vᵒ *Austrasie.* — Le P. Anselme, *Hist. généal.,* t. I, p. 19.

[2] *Ibid.*

années 622 et 631 qu'il faut placer l'expédition dans laquelle Serein fut pris et vendu à Boson.

Les chroniques mentionnent-elles à cette époque un puissant personnage de ce nom, dont les possessions ne fussent pas trop distantes du lieu qui prit plus tard le nom de Fontaine-Béthon ? Elles n'en mentionnent qu'un seul, Boson d'Etampes[1], fils d'Audolenus, et qui, l'an 626, fut mis à mort par le duc Arnebert sur l'ordre de Clotaire II[2]. Si c'est là le puissant maître de saint Serein, et nous le pensons, c'est nécessairement dans les années 622 ou 623 qu'eut lieu la rébellion des Austrasiens réprimée par Dagobert et qui coûta la liberté au fils d'Adrien et de Sereine.

La *Vie* nous apprend qu'il fut instruit avec le jeune fils de Boson par les moines de Nesle[3]; entre pa-

[1] « Boso, Audoleno patre genitus, indigena Stampensis. » — Aimoin, *De gestis francorum*, lib. IV, cap. xiv, ad ann. 626.

[2] Du Chesne, *Script. franc.* tome I, p. 655. — Aimoin, *loc. cit.* — Frédégaire, *Chronic.* ad ann. 626. — Dom Bouquet, *Rec. des hist. des Gaules et de la France*, t. II, p. 434 et t. III, p. 124. — Bolland. *loc. cit.* p. 347.

[3] Courtalon-Delaistre, *Vie de S. Serein*, dans le t. II de la *Topogr. hist. de la ville et du dioc. de Troyes*, p. 82; «...Quelquefois, se confiant en la Providence, il laissoit ses bestiaux dans les bois et les bruyères, pour accompagner le fils du comte à l'abbaye de Nesles, où ils alloient ensem-

renthèse, il ne nous déplaît pas de voir, dès avant l'an 626, les moines distribuer l'instruction aux plus humbles enfants, côte à côte avec les fils des comtes [1]. — Le monastère de Nesle, cette célèbre abbaye de Bénédictins qui subsista jusqu'aux approches de de la Révolution et dont on voit encore les ruines, existait-il déjà ? Oui, puisqu'il fut fondé par Clovis en l'an 501, pour remercier le Dieu de Clotide de sa grande victoire, et dédié quatorze ans après, le 4 des calendes d'octobre 515 [2].

Ne retrouverons-nous pas sur la carte, à quelque distance de Béthon, cette « *fontaine Danile* », la seule du pays avant le miracle qui fut le salut de Boson ? Nous la retrouvons à plus d'une lieue à l'est de Béthon, et c'est aujourd'hui la commune de *Fontaine-Denis*.

Et cette autre fontaine, qui jaillit miraculeuse-

ble faire leurs études. » — Plus loin (t. III, p. 241), le même auteur dit fautivement que c'était le comte Boson lui-même qui fut le condisciple du Saint.

[1] M. Albert Hyrvoix travaille à une histoire des écoles épiscopales et monastiques, d'où ressortira l'inanité du préjugé qui voudrait attribuer au clan révolutionnaire l'honneur d'avoir mis l'instruction à la portée du peuple.

[2] L'abbé Boitel, p. 326 et 328. — *Gallia christ.*, t. XII, col. 535 : « *Nesle la Reposte* : Ejus originem ad Chlodovei magni tempora plerique referunt... Conjicit Mabillonius monasterium istud a Chlotilde regina fuisse ædificatum... »

ment du sol aride, n'est-elle plus là pour témoigner à la face de l'histoire? Allez à Béthon, à *Fontaine-Béthon*, comme on disait autrefois, et l'on vous montrera la source si précieuse dans un pays privé d'eau, alimentant une fontaine qui coule dans le village, ne tarit jamais, porte encore le nom de saint Serein et, depuis douze siècles, n'a cessé d'être, chaque année, le but d'un pieux et populaire pèlerinage.

Et cette « *Celle* » construite sur le domaine de Boson, et dans laquelle se retire le saint jeune homme redevenu libre, ne serait-ce pas *la Celle*-sous-Chantemerle, si peu distante de Béthon et de Fontaine-Denis?

« Beaucoup de temps après », saint Serein prend le chemin de Rome, où il demeure environ huit ans, et, à son retour, il rencontre Eloi. Saint Eloi alla-t-il donc à Rome? Oui, vers l'an 649, dit l'histoire [1], avec saint Ouen, archevêque de Rouen, son ami. Mais, à cette date, le pape Jean IV était mort depuis huit ans ; c'était saint Martin Ier qui gouvernait l'Eglise [2]. Eh bien ! saint Ouen, l'ami et le bio-

---

[1] Moréri, d'après divers historiens dont il rapporte les noms.

[2] Surius, *De probatis sanct. vitis*, éd. 1618, t. XII, p. 8 : « Erat autem eo tempore Romæ præsul beatissimus Papa Martinus. »

graphe de saint Eloi, dit seulement qu'en cette année 649, Eloi fût allé à Rome, « si un affaire de grande conséquence ne l'en eust empesché et arresté [1]. » Notons encore que la date de 649, donnée par Moréri et ses autorités n'est pas précise, mais seulement approximative, et j'estime qu'elle est erronée. En effet, saint Ouen et saint Eloi furent élevés en même temps à la dignité épiscopale, et consacrés l'un et l'autre, le 14 mai 640, en l'église de Rouen [2]. Selon la règle, les deux nouveaux évêques durent se rendre à Rome pour faire leur visite *ad limina Apostolorum*. Or, en 640, c'était en effet Jean IV qui occupait la chaire de saint Pierre [3]. Si, pourtant, la date de 649 était exacte, il ne s'en suivrait pas que la *Vie* de saint Serein fût apocryphe ; l'erreur même prouverait ici la bonne foi du biographe et témoignerait de sa véracité ; comment admettre, en effet, qu'ayant la volonté d'une pieuse supercherie, l'idée d'une fabulation ingénieuse, l'auteur, — très-certainement un des religieux du

[1] Traduction de Louis de Montigny, 1626, p. 83.

[2] *Ibid.*, p. 106.

[3] Les chronologistes varient sur les dates de l'exaltation et du décès de Jean IV ; Platina dit que ce Pontife fut consacré le 25 décembre 638 et mourut au mois d'octobre 640 ; d'autres, comme Moréri, placent sa consécration au 31 décembre 639 et son décès au 12 octobre 641.

prieuré de la Celle-sous-Chantemerle,—n'eût même pas consulté la chronologie des Papes, qui se trouvait jadis, dans tous les monastères, en tête de toutes les chroniques générales ou locales ?

D'ailleurs, d'autres observations viennent étayer l'authenticité de la *Vie :* le biographe était certainement versé dans l'hagiographie, et l'onomastique des anciens âges lui était familière ; c'était, pour son temps, un érudit ; comment eut-il donc commis une erreur si palpable ? Il savait, par exemple, que les noms de *Serenus*[1] et de Boson[2] étaient en usage cinq ou six siècles avant, et il n'eut pas su cette chose élémentaire : le temps où régnait le pape Jean IV ! C'est absolumént inadmissible.

Saint Ouen ne mentionne pas que son ami ait été à Rome ; il ne s'ensuit pas qu'Eloi n'ait pas fait ce vénéré pèlerinage ; car l'œuvre de saint Ouen est bien plus un panégyrique de ses vertus qu'un récit détaillé de sa vie et de ses actes. D'ailleurs, ce « saint Eloi » était-il réellement le ministre de Dagobert et l'évêque de Noyon ? Rien ne le prouve. Un érudit du XVII° siècle, Jacques le Vasseur, a consa-

---

[1] *Serenus,* évêque de Marseille en 596, 601, etc. (Bréquigny, *Diplômes,* tome I, p. 38, 40, 42, 43. — Gams, *Series episcop.,* v° Massilia.)

[2] Voyez aux *Pièces justificatives,* n° 1.

cré deux chapitres à prouver que « la conformité des noms fait quelquefois confondre saint Eloi avec d'autres saints[1]. » Peut-être aussi l'épisode singulier de la rencontre d'Eloi et de Serein, et de la *confiscation* des reliques, n'est-il qu'une broderie de biographes du moyen âge sur un fonds vrai. Tel a été le sentiment de Courtalon, qui, dans le récit du voyage de dévotion de saint Serein à Rome et de son retour en France, a complètement passé sous silence l'épisode en question[2].

Une dernière objection est celle-ci :

« Le biographe rapporte que saint Serein fut consacré prêtre en présence du collège des cardinaux ; or, les cardinaux ne furent institués qu'au XIe siècle. »

Il y eut des cardinaux dès l'origine de l'Eglise, mais il est exact de dire que cette dignité n'avait pas alors le caractère qu'elle revêtit à partir du XIe siècle. Les cardinaux des premiers siècles étaient des prêtres ou des diacres qui travaillaient à Rome, sous la conduite du Pape, ailleurs sous la conduite de l'évêque, à subvenir aux besoins des fidèles. Dans la primitive Eglise, on appelait « cardinal », dans une paroisse, le prêtre principal qui venait

---

[1] *Remarq. sur la Vie de S. Eloy*, ch. II et III.
[2] *Topogr.*, t. II, p. 83.

immédiatement après l'évêque. C'est ainsi que, vers 1050, Hugues de Salins, chanoine de l'église Saint-Etienne de cette ville, est appelé « le cardinal de Salins[1] », dans le titre d'une donation faite à cette église par l'archevêque de Besançon. C'est ainsi, qu'au mois d'avril 1081, au couronnement de l'empereur Henri IV, à Milan, « les suffragants, en costume solennel, vinrent jusqu'au Palais-Royal et avec eux *les cardinaux*, c'est-à-dire le haut clergé, avec les croix et l'encens, suivis de cent décumanes en surplis[2] ». C'est ainsi que les prêtres principaux ou curés des paroisses de Rome portaient, dès les premiers temps du christianisme, le titre de « prê-tres-cardinaux[3] ».. — La présence des cardinaux de Rome à la consécration de saint Serein ne constitue donc pas un anachronisme.

[1] « Hugo Salinensis cardinalis. » — Guillaume, *Hist. des sires de Salins*, t. I, p. 50 : « Le nom de cardinal, dont Hugues de Salins paraît décoré, ne doit pas se prendre dans la signification qu'il a aujourd'hui ; il était alors en usage pour désigner ceux des chanoines de Saint-Étienne qui étaient chargés spécialement de célébrer la messe sur l'autel où les reliques avaient été renfermées par le pape Léon IX.»

[2] Muratori, *Anecdot.* t. II, p. 328. — Dom Martène, *De ant. Eccl. rit.*, t. II, lib. I. — Cantu, *Hist. Univ.*, t. IX, p. 339, note.

[3] Muratori, *Antichità ital.*, t. V, 61ᵉ dissertation. Dans la coll. des *Opere Classiche ital.*, Milan, 1838.

« Depuis sa mort, dit un docte ecclésiastique champenois du dernier siècle, on bâtit trois églises[1] sous son invocation, celle du prieuré de la Celle-sous-Chantemerle[2], qui conserve son corps, celle de l'abbaye de Chantemerle, et l'église paroissiale de Fontaine-Béthon. Par la renommée des miracles qui s'opéraient au tombeau de ce saint, Charles et Carloman, fils de Pépin le Bref, chef de la seconde race de nos rois, accompagnés de Berthe leur mère, visitèrent par dévotion l'église de Saint-Serein en 770, y firent des oblations et implorèrent son intercession. On assure, d'après une tradition, que Charlemagne, avant que de combattre ses ennemis dans une circonstance, réclama l'assistance de saint Médard et de saint Serein, et qu'ayant remporté la victoire, il reconnut le bienfait de ces saints par plusieurs présens. Tant de témoignages de sainteté et un culte si authentique devoit sans doute engager les rédacteurs du bréviaire à faire quelque mémoire de ce saint ; mais il se trouve parmi ceux qu'ils ont

[1] Bolland., octobr. t. I, p. 338, col. 1 : « Tres illæ ædes sacræ… sunt abbatiæ Cantumerulensis et paræciæ cognominis basilica, ecclesia cellæ S. Sereni, et ecclesia pagi qui Fons Bettonis dicitur. »

[2] Des Guerroys, fo 162, vo : « Le prieuré et l'église paroissiale de la Celle, qui est la plus antique. »

passés sous silence, ce que voyent avec regret plusieurs personnes de piété[1]. »

Faut-il donc faire litière de la tradition, d'une tradition constante et non interrompue ? Aussi loin que
remontent les annales de Fontaine-Béthon, le nom
de *Serenus* y est en honneur, révéré et porté par les
seigneurs aussi bien que par les vassaux[2], et même
plus d'une localité française garde en son nom[3] le
vénéré souvenir du saint populaire. « C'est la tradition, disait Tertullien, ne cherchez pas plus loin. »
La saine critique, en l'espèce, consiste à séparer
l'ivraie du froment, la fable de la vérité, et non à
sacrifier le fonds tout entier, parce qu'à travers les
âges il y est venu quelques pousses parasites.

[1] Courtalon, *Op. et loc. cit.*

[2] En 1201, « Serins de Fontaines. » (Dom Villevieille, *Trésor
Généal.*, tome 39. — Cabinet des Titres, n⁰ 128 *bis*, f⁰ 148 r⁰.)
— Habitants de Fontaine-Béthon : 1661, Serain Dusollier,
vigneron ; 1671, deffunct Serain Prevost ; 1778, Serain Cham-
penoys, vigneron. (*Titres de famille*).

[3] Seraincourt, Ardennes ; Seraincourt, Seine-et-Oise ;
Serainville, Meurthe-et-Moselle ; Seranvillers, Nord. — Les
anciens titres français portent indifféremment « sainct *Serain*
de Béthon » ou « sainct *Seran* de Bethon .»

IV.

ORIGINES DE FONTAINE-BÉTHON

Au temps où saint Serein gardait les troupeaux du comte Boson, Fontaine-Béthon n'existait pas encore ; c'était, nous l'avons vu, un lieu sauvage, couvert de forêts où s'abritaient les fauves, et que dominaient peut-être les débris de quelque *castrum* romain, dont le nom s'est perdu. Le saint, nouveau Moïse, donna la vie à ce désert en y faisant couler l'eau : de là, le nom de *fontaine ;* nous étudierons dans un instant d'où vint celui de *Béthon.* Il est donc inexact de faire de Boson le premier seigneur[1] d'une localité dont le nom même n'existait pas encore ; mais ce qui paraît certain, c'est que le sol, où fut assis ultérieurement le fief de Fontaine-Béthon,

[1] L'abbé Boitel, *Recherches,* p. 177.

faisait, en l'an 626, partie des possessions du maître de saint Serein.

Aussi loin que remontent les notions précises sur les coutumes féodales, nous voyons, avant que les noms héréditaires eussent cours, les possesseurs de bénéfices ou de fiefs imposer presque toujours leur nom à la *curia* ou *curtis*, à la *villa*, au val, à la ferté, à la lande, au mesnil, à la fontaine, au mont, au sol, qui devenait leur propriété ; on vit même les compagnons de Rollon, en 911, après le traité de Saint-Clair-sur-Epte, qui leur cédait la Neustrie, se conformer à cette coutume ; de là, en Normandie, comme dans toutes les provinces, tant de localités dont la dénomination se compose d'un prénom et d'un de ces mots : cour ou court, ville, tot[1], etc. On peut affirmer que les deux tiers au moins des noms de la géographie féodale se sont formés de cette manière ; c'est ainsi que nous trouvons tant de localités, par exemple, où le nom de *fontaine* est accompagné d'un nom : Fontaine-Guérin[2], Fontaine-Henry (Calvados,) etc[3].

[1] Cf. O. de Poli, *Des orig. du royaume d'Yvetot*, p. 6 et 7.

[2] 1293, Guérin de Fontaine-Guérin, chevalier. (Archiv. de l'abb. de Toussaints, à Angers, tiroir 39.) 1312. Noble homme Guérin de Fontaines, chevalier. (*Ibid.* tir. 59.) — Dom Villevieille, *Trésor Généal.*, tome 39, f°s 152 v° et 154 r°.

[3] Voyez aux *Pièces justificatives*, n° 2.

Ces prémisses acquises, il devient évident que le lieu de « Fontaine-Béthon » reçut le nom de son premier seigneur. Béthon est, en effet, un prénom, et, dans les premiers siècles de notre histoire, il était à peu près aussi commun[1] que de nos jours les noms de Charles ou de Louis. Ici encore, la tradition s'accorde avec la critique.

« Le pouillé du diocèse de Troyes, dit M. l'abbé Boitel, veut que le nom de cette paroisse vienne de *fontaine* et d'un fameux possesseur de cette contrée qui se serait appelé Béthon, *fons Bethonis*[2]. »

Toute autre étymologie ne tient pas debout ; le pouillé avait recueilli la tradition, et nous la savons conforme à la coutume des fiefs ; nous savons aussi que le nom de Béthon est entré fort anciennement dans la composition de celui d'un certain nombre d'autres localités[3] ; il nous reste maintenant à scruter le passé pour essayer d'y découvrir le Béthon qui a donné son nom au lieu de Fontaine, illustré et vivifié par le miracle de saint Serein.

Je crus bien l'avoir découvert dans un diplôme de Charles le Chauve, de l'an 854, portant confirmation d'un échange de biens-fonds, situés en par-

---

[1] Voy. aux *Pièces justific.*, nº 3.
[2] *Recherches*, p. 169-170 et 177.
[3] Voy. aux *Pièces justific.*, nº 4.

tie dans le pays de Reims, entre Louis, abbé de Saint-Denis[1], et un des grands de la cour de France, du nom de Betton ; mais une étude approfondie du diplôme impérial ruina mon illusion[2].

En compulsant les chartes de Louis le Débonnaire, mon attention se fixa sur celle qui porte le numéro XXVII et qui est d'environ l'an 822.

La forme de cette charte est particulièrement curieuse ; la plupart des noms y sont en blanc ; il semble que le scribe de la chancellerie impériale l'ait laissée inachevée en attendant des indications complémentaires ; mais le nom du donataire s'y trouve, et c'est là surtout ce qui nous importe.

« C'est la coutume de la puissance impériale que
« d'honôrer et d'élever par de nombreux dons et
« par de grands honneurs ceux qui la servent fidè-
« lement. En conséquence, suivant la règle de Nos
« pères, c'est-à-dire des Rois Nos prédécesseurs,
« il a plu à Notre Altesse d'honorer notre fidèle,
« nommé...., de certaines choses de Notre propriété
« et, par la grâce de Notre libéralité, de lui en con-

---

[1] « In pago.... Remensi. » — L'abbé de Saint-Denis stipule l'affranchissement des serfs des domaines qu'il cède à titre d'échange.

[2] Voy. aux *Pièces justific.*, nº 5.

« férer la possession de droit. Ce que Nous n'a-
« vons pas fait sans qu'il l'ait dignement mérité par
« les marques de sa fidélité, de son obéissance et de
« son dévouement envers Notre Sérénité, s'étudiant à
« Nous servir en toute circonstance et de toutes ses
« forces et à fidèlement exécuter Nos ordres. A ces
« causes, sachent tous Nos fidèles présents et futurs
« que Nous avons concédé à Notre dit fidèle....,
« dans le pays de...., l'église de...., construite en
« l'honneur du saint confesseur...., au territoire
« de...., dans le lieu appelé...., sur la rivière de....,
« laquelle église *sa défunte aïeule*, nommée...., *et*
« *son oncle* nommé...., livrèrent par chartes à Notre
« seigneur et père Charles, de bonne mémoire, très-
« pieux, auguste. La dite petite Celle, avec toutes
« ses appartenances et dépendances, tant dans le
« dit pays de.... que dans les pays de.... et de....
« qui est présentement de Notre droit, possession
« et propriété, Nous, par cette donation de Notre
« autorité, la concédons tout entière et intégrale-
« ment à Notre susdit fidèle BETTON, de manière à
« ce que, de ce jour, il en ait la libre disposition,
« et puisse en faire tout ce qu'il voudra, ainsi que
« de ses appartenances. Et afin que l'autorité de
« Notre présente largesse demeure inviolable et sta-
« ble à travers le cours des années, et soit plus

« certainement reconnue véritable par Nos fidèles,
« tant présents que futurs, et aussi par Nos succes-
« seurs et par les fidèles de la Sainte Église de Dieu,
« de Notre propre main Nous l'avons soussi-
« gnée [1]. »

N'est-ce pas encore une illusion ? J'incline à voir
dans cette charte le premier titre authentique du
fief de Fontaine ; dans « l'église construite en l'honneur du saint confesseur », l'église primitive de
Saint-Serein ; dans « la petite Celle » donnée à Betton,
la Celle qui fut l'asile de notre Saint pendant sa vie
et après sa mort ; dans le fidèle de Louis le Débonnaire, le personnage qui donna son nom au lieu de
Fontaine-*Béthon* [2]. Tous les hagiographes reconnaissent, en effet, à saint Serein le titre de « confesseur [3] », et la teneur de la charte impériale n'a
rien qui contredise nos présomptions.

[1] Voy. aux *Pièces justific.*, no 6.

[2] Béthon, dans les plus anciens titres, est écrit indifféremment *Betto, Beto, Betho.*

[3] « Sanctus Serenus, presbyter et *confessor.* » — Bolland.,
Des Guerroys, Courtalon, etc. — « Subtus Cantumerulam,
versus orientem, extat S. Sereni cella, ordinis S. Benedicti,
ubi corpus ejusdem sancti *confessoris* Sereni in capsula,
super altare, devotioni fidelium proponitur. » (Bolland., *loc.
cit.*)

Quant à l'objection qui pourrait être faite que Fontaine-Béthon ou la Celle-sous-Chantemerle n'est sur aucune rivière et que, par suite, la charte ne lui saurait être attribuée, elle se réfuterait aisément : si éloignées que les localités fussent d'un fleuve ou d'une rivière, on spécifiait leur situation sur le principal cours d'eau le plus rapproché ; c'était simplement une détermination géographique, et les exemples de ce genre sont nombreux, surtout dans les très-anciennes chartes.

Que notre hypothèse soit admise ou rejetée, il n'en est pas moins incontestable qu'un personnage appelé *Béthon* posséda féodalement, avant tous autres, la terre de *Fontaine* et, suivant la coutume, lui imposa son nom. Une autre hypothèse me poursuit, mais je ne la recueille qu'avec toutes réserves : en 787, un légat de Charlemagne auprès du pape Adrien Ier porte le nom de Béthon [1] ; ne serait-ce pas là le personnage qui fut l'oncle du fidèle de Louis le Débonnaire et qui, de concert avec sa mère, avait livré par charte à l'empereur Charlemagne « la petite Celle avec toutes ses appartenances et dépendances » ?

Quoi qu'il en soit, dès l'aurore de la féodalité,

---

[1] Dom Bouquet, t. V, p. 571 et 576. — Voy. aux *Pièces justific.*, n° 3.

Fontaine-Béthon avait donné son nom à une famille chevaleresque, dont trop peu de titres sont venus jusqu'à nous. Après elle, d'illustres maisons ont possédé Béthon, probablement les sires de Nogent et de Trainel, et certainement les Salazar, les Choiseul, les Biencourt, etc. Peu à peu, nous sortirons de la sphère des hypothèses pour entrer sur le solide terrain de l'histoire, et, chemin faisant, nous constaterons une fois de plus l'inanité de certains préjugés, entretenus par l'ignorance ou par la mauvaise foi; nous verrons, par exemple, dans les vieux temps, des paysans propriétaires, et nombre de simples vignerons sachant écrire : ce qui prouve que la Révolution s'est témérairement vantée d'avoir donné la terre aux paysans et créé l'instruction populaire.

V

LES PREMIERS SEIGNEURS

Le fief de Fontaine-Béthon était, du côté de l'orient, contigu au petit fief de Vaulonnière [1], et l'un et l'autre eurent pendant des siècles les mêmes seigneurs.

En 1146, une charte de Thibaud, comte de Champagne, notifie que Milon, sire de Nogent [2], a donné

[1] Le nom de ce fief a subi bien des transformations : au xii° siècle, il est écrit Guainnonières, Wagnonières, Waugaignières ; au xiii°, Waignoniers ; au xiv°, Vougnonniers ; en 1423, Voignonnières ; en 1457, Vaulonnière ; en 1459, Vaugnonières ; en 1494, Vaugonnières ; en 1537, Wogarnières ; vers 1605, la Vaulconnière ; en 1633, Vononnières ; en 1839, Volognière ; en 1862, Voglonnière ; en 1872, Volonniers ou Vaulonnière.

[2] Nogent-sur-Seine (Aube).

au Paraclet du diocèse de Troyes, entre autres choses, la tierce partie du moulin de Guainnonières [1], ce que confirme, en 1194, une charte de Garnier de Trainel, évêque de Troyes, qui mentionne que Milon a fait cette donation pour l'âme de son fils Hugues, enseveli audit monastère [2]. Nous voyons encore, par une bulle d'Eugène III, du 1er novembre 1147, que le même monastère possédait une vigne à « Fontaine-Beton [3] ».

Une bulle d'Alexandre III, de l'an 1169, mentionne au nombre des possessions et revenus de Saint-Pierre de Troyes « la dîme de Fontaine-Betton [4] », et, en 1209, Innocent III confirme au même monastère « la dîme de Fontaine-Betun [5] ».

D'une charte de Mathieu, par la grâce de Dieu évêque de Troyes, de 1171, il appert qu'une noble

[1] L'abbé Lalore, *Cartul. de l'abb. du Paraclet*, p. 70 : «...Tertiam partem molendini de Guainnoneriis. »

[2] *Ibid.* p. 99 : « Confirmacion des dismes dou Paraclit en la diocèse de Troyes... Milo, dominus Nogennii, in cujus territorio Paraclytense constructum est oratorium... pro anima Hugonis, filii sui, ibidem sepulti, dedit culturam ad Noereth cum tertia parte molendini de Guainnoneriis. »

[3] *Ibid.*, p. 9 : « *Confirmacion des biens dou Paraclit...* et vineam de Fonte Beton. »

[4] Lalore, *Cartul. de S. Pierre*, p. 82 : «...decimam de Fonte Betton. »

[5] *Ibid.* p. 131 : «...Decimam de Fonte Betun. »

femme, du nom de Félicité, avait donné au monastère d'Andecy le tiers de la grosse dîme de Nesle, Bussy, *Fontaine* et les Essarts [1]. M. l'abbé Lalore présume qu'il s'agit ici de Fontaine-Béthon [2], et c'est aussi notre sentiment.

Vers 1172, les hoirs de Gautier Chassefoin tiennent fief à Potangis et à Wagnonières, en la chastellerie de Chantemerle ; de même, Guillaume de Lessart, à la Forestière, à Chantemerle et à Waugaignières, et Godefroy d'Esternay, à Potangis, Chantemerle, « et en autre leu [3]. » On trouve à la même époque, des seigneurs de Potangis et de Chantemerle [4], et, un siècle avant, Hildegaire de Chantemerle était un des chevaliers du comte de Champagne [5]. En 1176, Etienne Brichemer, possessionné à la Forestière et à Chantemerle, est témoin d'un accord conclu avec le prieuré de la Celle-sous-Chantemerle [6].

1 L'abbé Lalore, *Cartul. du dioc. de Troyes*, t. IV, *Cartul. d'Andecy*, p. 265. — 2 *Ibid.*, p. 337.

3 Aug. Longnon, *Vassaux de Champagne et de Brie*, p. 182, n°⁵ 2405 et 2417, et p. 180, n° 2399.

4 « Ysabes de Postigni... Pierres de Chantemelle, liges... Hunaus de Chantemelle, ce qu'il a à Chantemelle...» *Ibid.*, p. 182, n°ˢ 2426, 2438, 2440.

5 H. d'Arbois de Jubainville, *Hist. des ducs et comtes de Champagne*, t. I, p. 504.

6 *Id.*, t. III, p. 466.— A. Longnon, *Vassaux*, p. 180, n° 2401.

De tous ces fieffés possessionnés auprès de Fontaine-Béthon, Milon, sire de Nogent, me paraît être le seul à qui la seigneurie puisse en être attribuée, et ce fut probablement lui qui donna à l'église cathédrale de Troyes, en même temps que la dîme du moulin de Vaulonnière, celle de la terre et seigneurie de Fontaine-Béthon.

Au mois de mai 1201, « Thibaut, comte de Cham- « pagne, notifie que Serins de Fontaines, son vas- « sal, a donné à la maison des Deux-eaux, pour les « malades, la dixme de vin qu'il avait à Bouilly[1].»

Peut-être sommes-nous ici en présence du premier seigneur de Fontaine-Béthon dont la trace authentique n'ait pas disparu sous la poussière des siècles. Il apparaît avec le nom vénéré du céleste patron de Fontaine-Béthon, et, comme saint Serein, avec la pure auréole de la charité. Dans la charte susvisée, son fief est seulement appelé « Fontaines », et l'on pourrait douter qu'il s'agît de Fontaine-Béthon, si l'on n'avait d'autres exemples de semblables abréviations[2].

---

[1] Dom Villevieille, *Trésor*, t. 39, f° 148.

[2] En 1293, « Guérin de Fontaine-Guérin, chevalier, » et, en 1312, « noble homme Guérin de Fontaines, chevalier. » (Archiv. de l'abb. de Toussaints d'Angers, tir. 39 et 59. — Dom Villevieille, *Trésor*, t. 39, f° 152 v° et 154.) Vers 1172,

Nous venons de voir qu'en 1146 un puissant seigneur, Milon, sire de Nogent, était possessionné à Vaulonnière et probablement aussi à Fontaine-Béthon, si l'on admet, comme il paraît très-vraisemblable, que les biens possédés par le Paraclet dans l'un et l'autre de ces fiefs provinssent de la pieuse libéralité du seigneur de Nogent, sur le territoire duquel s'était fondée cette abbaye. Il est même présumable qu'à ladite époque ces deux fiefs, peu distants de Nogent, en relevaient féodalement, si même ils ne faisaient partie du domaine dudit seigneur, qui en aurait apanagé un puîné de sa maison, lequel, suivant la coutume, aurait pris le nom de son fief ; mais ce ne sont là que des hypothèses et, si plausibles qu'elles puissent être, elles ne doivent être accueillies qu'avec de prudentes réserves.

Au mois de mai 1240, « Henri de Fontaine-Beton, chevalier », est un des croisés de Champagne, ainsi qu'il appert d'une précieuse charte, glorieuse entre toutes pour Béthon, et dont voici la traduction :

« Sachent tous ceux qui ces présentes lettres
« verront que nous, Henri de Fontaine-Beton, Re-
« naud de Marchiéville, chevaliers, Jean de la Cour,

« Hue de *Fons*, lige à *Fontein Deneis*. » (A. Longnon, *Vassaux*, p. 190, n° 2397.)

« Armand de Mulnet et Girard de Saint-Benoît,
« écuyers, nous avons reçu en commun et solidai-
« rement de Lazare Dovinello et ses associés, mar-
« chands génois, 180 livres tournois, pour le paiement
« desquelles, au terme de Pâque, notre illustre et
« très-cher seigneur, par la grâce de Dieu roi de
« Navarre, comte palatin de Champagne et de Brie,
« a bien voulu se constituer garant, et doit fournir
« ses lettres auxdits marchands. En retour, nous
« avons accordé à notre dit seigneur que si, à l'oc-
« casion de cette garantie, il encourait quelque
« dommage, il pourrait s'en indemniser sur tous
« nos biens présents et à venir, en foi de quoi nous
« avons fait faire cette charte, et moi, Henri de
« Fontaine-Beton, je l'ai scellée. Fait à Acre, l'an
« du Seigneur 1240, au mois de mai. »[1]

Plus heureux que tant d'autres volontaires de la
Croix, « vassaux de Notre-Seigneur Jésus-Christ »,
— ainsi que les Croisés se qualifiaient avec une
humilité fière, — le sire de Fontaine-Béthon revit la
terre natale, car c'est très-probablement lui qui
figure, sept ans après, dans une autre charte.

Au mois d'août 1247, en présence de Nicolas du
Meix, archidiacre d'Arcis, « Henri de Fontaine-

---

[1] *Pièces justificatives,* n° 28.

Beton, chevalier », déclare se désister, en faveur de l'évêque de Troyes, de ses prétentions sur la dîme de Waignoniers [1], prétentions qui impliquent quelque lien de parenté entre le seigneur de Fontaine-Béthon et le donateur, Milon de Nogent.

L'abbaye de Saint-Louis et Sainte Claire de Nogent l'Artaud, du diocèse de Soissons, de l'ordre des Urbanistes, possédait à Fontaine-Béthon le fief de Tronchet [2], valant en 1728 environ 1100 livres de revenu [3]. Or, ces religieuses tiraient leur nom d'un illustre troyen, Jacques Langlois [4], pape sous le nom d'Urbain IV, auteur de leur règle, et ce dut être cet illustre pontife qui les gratifia de ce fief. Il est singulièrement glorieux pour Béthon de pouvoir inscrire dans ses fastes le vénéré nom du grand Pape champenois.

Le 13 avril 1290 avant Pâques, le doyen de la chrétienté de Pont-sur-Seine notifie que Colet de Fontaine-Beton, fils de défunte Piteuse, reconnaît avoir reçu des religieuses du Paraclet, à titre d'amodiation pour dix-neuf années consécutives, une vi-

[1] *Pièces justificatives,* nº 7.

[2] Tronchot, en 1457.

[3] *Inv. Somm. des arch. de l'Aube,* t. I, p. 156. — **Cf.** Grosley, *Mém. pour serv. à l'hist. de Troyes,* t. I, p. 291.

[4] LANGLOIS : Ecartelé, aux 1 et 4, d'or à une fleur-de-lis d'azur ; aux 2 et 3, d'azur à une rose d'or.

gne sise au finage de Fontaine-Beton, moyennant deux muids de vin rouge par chaque année [1].

En 1844, on enleva de l'église de Béthon une belle pierre tumulaire, pour l'employer à la réfection de la fontaine de saint Serein [2]. Il semble que l'on ne prit même point la peine d'en relever l'inscription et les armoiries ; elle fut condamnée sans phrases, et nous le regrettons d'autant plus que ce monument des vieux âges nous eût sans doute apporté quelque précieuse indication sur un des plus anciens seigneurs de Fontaine-Béthon.

De tout ce qu'on vient de lire il résulte qu'au temps de Dagobert 1er et de saint Serein, le territoire de Fontaine, appelé ensuite Fontaine-Béthon, faisait partie des domaines d'un seigneur du nom de Boson ; qu'il fut donné par Louis le Débonnaire, en l'an 822, à un de ses fidèles, du nom de Béthon ; qu'en 1201, 1240 et 1247 il appartenait à des seigneurs du nom de Fontaine-Béthon, probablement issus des sires de Nogent-sur-Seine. Telles sont les seules données que nous ayons pu recueillir du VII° au XIV° siècle.

[1] *Pièces justific.*, n° 8.
[2] L'abbé Boitel, *Rech.*, p. 177.

VI

PIERRE D'ARCIS, ÉVÊQUE DE TROYES,
SEIGNEUR DE FONTAINE-BÉTHON

Le 5 août 1371, l'abbé de Neslé-la-Reposte obtient
de la maîtrise royale des eaux et forêts de Champagne[1] la permission de chasser, avant le lever et après
le coucher du soleil, dans les bois de Sainte-Croix, la
Chalmelle, Montgenost et Béthon[2]. Cette permission ne visait sans doute que les parties desdits
bois qui étaient du domaine royal ; à moins, cependant, que, pour un motif quelconque, ils ne fussent
dans la main du Roi.

[1] Le comté de Champagne avait été apporté en dot au
roi Philippe le Bel, en 1284, par Jeanne de Navarre, mais il
ne fut officiellement réuni à la Couronne qu'en 1361.

[2] L'abbé Boitel, p. 338.

De la tenue d'un acte du 6 mai 1493, dont il sera parlé ci-après, il peut être permis d'induire que la seigneurie de Béthon avait appartenu à l'illustre maison de Trainel[1], comme d'autres terres adjacentes possédées, vers le milieu du xv° siècle, par Jean Marin, écuyer, seigneur de Montgenost, Fontaine-Béthon et Vaulonnière. De 1378 à 1408, la seigneurie d'Esternay appartenait à noble dame Eustache de Trainel, dame de Nangis et d'Esternay: ce fut peut-être elle qui, vers 1380, vendit la seigneurie de Béthon, y joint très-probablement celle de Vaulonnière, à messire Pierre d'Arcis, évêque de Troyes de 1377 à 1395.

Il ne reste d'autre trace de cette vendition qu'un article du « compte des receptes et mises de l'éveschié de Troyes faictes (en 1406-1407) pour Rév. Père en Dieu Messire Estienne de Givry, évesque de Troyes, par Guiot Aymer, tabellion de la court d'iceluy seigneur et son recepveur général du temporel du dict éveschié. » Voici ce précieux article, dont le texte m'a été gracieusement communiqué par M. Francisque André, archiviste du département de l'Aube :

---

[1] Armorial de Gilles le Bouvier, publ. par Vallet de Viriville, p. 126, n° 813 ; « Le baron de Trainel, *de vair plein.* »

« Item, paié par ledit receveur, le samedi XIIIIe
« jour du dit mois d'aoust, en l'ostel de Baudet Che-
« valier, pour despence faicte par Pierre Colin ta-
« bellion de la court de nostre dit seigneur et sa
« suite, que il bailla au dit receveur les lettres de
« l'achat et transport de la terre de Fontainebeton
« acquestée par feu messire Pierre d'Arcies, jadix
« évesque de Troyes, pour ce..... II s. IIII d.[1]. »

Pierre d'Arcis, dit Courtalon[2], « étoit de la famille des anciens seigneurs d'Arcis-sur-Aube, dont
il portoit les armes : d'*azur ou canton destre d'or*[3].
Nous voyons de ses parens élevés aux premières di-
gnités de la robe et de l'Eglise. Il fut d'abord chanoine de Chalons-sur-Marne, ensuite trésorier et
chanoine de Saint-Etienne de Troyes, et enfin offi-
cial jusqu'à la mort de Jean de Braque, qu'il remit
ses provisions. »

Nicolas d'Arcis, son frère, d'abord chanoine et
trésorier de Saint-Etienne de Troyes, fut ensuite
évêque d'Auxerre. Jean, son autre frère, conseiller
du roi Charles VII[4], eut un fils, Perrinet d'Arcis, qui

---

[1] Archives de l'Aube, fonds de l'évêché de Troyes, reg. G
274. — H. d'Arbois de Jubainville, *Inv. somm.*, t. I, p. 59.

[2] *Topogr.*, t. I, p. 379.

[3] Voy. aux *Pièces justific.*, n° 9.

[4] *Gall. Christ.*, t. XII, col. 513.

en 1395 était « escholier » à Orléans, et deux filles, Philippa et Marionne[1].

Ce fut Pierre d'Arcis qui, en 1385, mit et consacra la première pierre du jubé de la cathédrale de Troyes[2], et, en 1389, fit la dédicace de l'église Saint-Urbain[3]. — Le 8 mars 1392, « Jean de Chaumont, âgé de 104 ans, a donné à l'Eglise de Saint-Jean, avec l'agrément de l'évêque de Troyes, Pierre d'Arcys, la dent de saint Jean, que les marguilliers firent enchâsser[4]. »

Mais venons aux actes relatifs à la terre et seigneurie de Fontaine-Béthon.

Au mois de septembre 1381, le vendredi veille de la saint Mathieu, le curé de Béthon écrit au receveur général de l'évêché pour l'aviser que la vendange se fera le vendredi suivant[5].

En 1394, Pierre d'Arcis fait le dénombrement de la seigneurie de Fontaine-Béthon. Ce renseignement nous est fourni, sans aucun détail, par un acte de

---

[1] Camusat, *Promptuar.*, f° 221.
[2] *Notes de J. B. Breyer*, mises en ordre par M. Sémilliard, p. 11.
[3] Courtalon, t. I, p. 381.
[4] *Notes* de J. B. Breyer, p. 11.
[5] *Inv. somm.*, t. I, p. 104.

transaction du 12 décembre 1699, dont il sera parlé en son lieu [1].

Pierre d'Arcis mourut le dimanche de quasimodo (18 avril) 1395[2], et fut inhumé dans le chœur de la cathédrale de Troyes, comme il en avait marqué le désir dans son testament, que nous a conservé Camusat, et qui « est une preuve de la libéralité de ce prélat et de son attention à faire du bien aux églises, aux hôpitaux et aux habitans des terres dépendantes de l'Evesché[3]. »

[1] Titres de famille.

[2] *Gall. Christ.*, t. XII, col. 514.

[3] Courtalon, t. I, p. 381-382. — Camusat, *Promptuar.*, fo 221.

VII

ETIENNE DE GIVRY, ÉVÊQUE DE TROYES,
SEIGNEUR DE FONTAINE-BÉTHON

Etienne de Givry, élu au siège épiscopal de Troyes
après la mort de Pierre d'Arcis, fut préconisé à
Rome le 24 juillet 1395 et prit solennellement possession de son évêché le 20 octobre suivant. La
terre et seigneurie de Fontaine-Béthon ayant été ac-
quise par son prédécesseur, non à titre personnel,
mais à titre épiscopal, Etienne de Givry en fut le
seigneur temporel pendant toute la durée de son
épiscopat.

En dépit de l'aristocratique euphonie de son nom,
il était, dit Courtalon, « né d'une famille obscure,
au diocèse de Reims, dans le village de Givry, dont

il prit le nom. Ayant montré dès sa jeunesse, des dispositions pour les sciences, il fut protégé par la famille de Dormans et parvint à être conseiller clerc au parlement de Paris, où il exerça pendant vingt ans. — On lui donne pour armoiries : d'argent à 3 têtes de lion arrachées d'azur, lampassées de gueules, mais celles que nous avons sous les yeux sont de gueules et lampassées de même[1]. »

Les armoiries que Courtalon eut sous les yeux étaient très-probablement fautives : fils de paysans, parvenu à de hautes fonctions de magistrature, à une très-haute dignité ecclésiastique, Etienne de Givry, par reconnaissance pour la noble maison à laquelle il avait dû le bienfait de l'instruction et, par suite, son élevation, prit le blason de Dormans avec une légère brisure ; c'était ce qu'on appelait jadis « des armes de dévotion » ; l'usage ne s'en est pas complètement perdu, car je connais un prélat qui, arrivé dans les mêmes conditions, ayant à se donner, suivant l'usage, un blason, a pris celui de la noble famille qui fit les frais de son éducation, écartelé d'un pieux emblème.

Dormans portait : d'azur à 3 têtes de léopard d'or, lampassées de gueules[1]. — Etienne de Givry

---

[1] *Topogr.*, t. I, p. 382.

[2] Rietstap, p. 315. — Cf. A. Roserot, p. 78, n° 365.

changea les émaux en manière de brisure, et porta certainement : d'or ou d'argent à 3 têtes de léopard d'azur, lampassées de gueules.

Je n'ai trouvé qu'un acte de cet évêque concernant Fontaine-Béthon : le 26 avril 1397, il est procédé à la délimitation des dîmes de Béthon, appartenant à l'évêque de Troyes, et des dîmes de Chantemerle, appartenant à l'abbaye du lieu : dans le procès-verbal sont mentionnées « la ville et la chapelle de Vougnonniers[1] ». — Le pouillé de 1407 indique que l'évêque, comme seigneur temporel, conférait la cure de Fontaine-Béthon[2].

En 1405, Etienne de Givry fut un des exécuteurs testamentaires de Guillaume de Dormans, archevêque de Sens. « Après un épiscopat de trente et un ans, âgé de 92 ans, il fit son testament le jour même de sa mort, 26 avril 1426. Il fut inhumé dans le chœur de la cathédrale, vis-à-vis le grand autel, comme il l'avoit demandé[3]. »

[1] *Inv. somm. des Arch. de l'Aube*, t. I, p. 124.

[2] H. d'Arbois, *Pouillé du dioc. de Troyes*, p. 150, n° 211 : « Fons Bethonis : episcopus confert. XXII libr. »

[3] Courtalon, t. I, p. 384. — Cf. *Inv. somm. des Arch. de l'Aube*, t. I, p. 243.

VIII

JEAN LESGUISÉ, ÉVÊQUE DE TROYES, SEIGNEUR DE FONTAINE-BÉTHON

« Le bourg de Dormans, dit Moréri, a donné son nom à la famille de Dormans, qui le prit selon l'usage de ce temps. »

« Dormans, dit La Chenaye-Desbois, ville, châtellenie et seigneurie en Champagne, diocèse de Soissons, qui a donné naissance à la famille de ce nom. Jean de Dormans, procureur au parlement de Paris, tige commune, n'était point seigneur de Dormans ; mais étant de cette ville, il retint ce surnom lorsqu'il vint à Paris, selon l'usage de ce tems-là, qui le permettait à ceux dont la naissance n'étoit rien moins que distinguée. Il vivoit en 1347[1]. »

Moréri et La Chenaye se trompaient : Pierre de Dormans, tout procureur qu'il fût, appartenait à un rameau appauvri des anciens seigneurs de Dormans ; l'appauvrissement, au XIVe siècle, était la règle à peu près générale pour la noblesse française, ruinée par deux cent cinquante ans de guerres saintes ou nationales ; on vendait ses terres pour aller à la Croisade ou pour aider le Roi à vaincre l'Anglais ; on revenait de la guerre, de « l'ost », comme on disait, chargé de gloire, mais dénué ; il fallait vivre pourtant ; n'ayant plus les revenus nécessaires pour garder son rang de noblesse, on s'agrégeait à la bourgeoisie et l'on faisait quelque commerce. Quand on y avait gagné de quoi redorer son blason, on obtenait du Roi, soit des lettres de relief de dérogeance, soit, de préférence, des lettres d'anoblissement, parce qu'elles épargnaient la peine et les frais de recherches généalogiques. Alors on rachetait les anciens domaines de la famille, et l'on vivait noblement jusqu'à ce que ce dispendieux genre de vie nécessitât une nouvelle dérogeance. « Cent ans bannière, cent ans civière ! » disait un vieil adage, et il savait bien ce qu'il disait.

---

1 *Dict. de la Nobl.*, t. V, p. 621.

« Cependant ajoute la Chenaye, les Messieurs de Dormans signoient *de Dormans*, et lorsque par leur élévation ils eurent acquis la seigneurie de la ville de Dormans, ils signèrent : *Dormans, seigneurs de Dormans.* »

Les « messieurs de Dormans » avaient conservé leur vieux nom patronymique en passant dans la bourgeoisie ; plus souvent, les nobles, obligés par l'adverse fortune de faire le trafic ou quelque métier dérogeant, adoptaient un surnom d'apparence bourgeoise, tiré de leur caractère, de leurs qualités ou défauts physiques, de leur nouvel état. Ce fut le cas d'un Dormans qui, en venant s'établir à Troyes, probablement comme teinturier, prit le surnom de l'Aiguisé ou Lesguisé[1].

« Huet Léguisé, (père de nostre évesque, Jean Lé-
« guisé,) teinturier, et Guillemette sa femme, de-
« meuroit au grand autel de Clervaux, aujourd'huy
« le grand bureau. (C'est maintenant la maison de
« M. Camusat de Riancey, proche la porte de Crou-
« cels[2].) »

Jean Lesguisé, maître-ès-arts, bachelier en droit

---

[1] Ce nom, ou plutôt ce surnom, se trouve indifféremment écrit Lesguisé, Lesguisey, Lesguisier, Laiguisé, Laguisié, Laguisé, Léguisé.

[2] Bibl. Nat., Coll. de Champagne, t. 108, p. 103.

civil, licencié en droit canon, chanoine de Troyes, fut élu évêque, le 12 juin 1426, par le chapitre, qui avait encore ce privilège.

Ce fut à ses exhortations que les Troyens, dominés par la garnison anglaise, ouvrirent leurs portes, en 1427, à Charles le Victorieux et à l'héroïque Jehanne d'Arc. En reconnaissance de ce patriotique service, dit Courtalon [1], « le Roy l'anoblit, lui, son père, ses frères, sœurs, et toute leur postérité, *quoiqu'ils fussent déjà nobles d'origine* [2]. » Les notes de J. B. Breyer [3] disent que ces lettres d'anoblissement furent données le 9 juillet 1441 ; elles sont du mois de mars 1431 [4], et il y est dit, entre autres choses à l'honneur des « Lesguysey », que Huet, père de l'évêque, était « né de parents nobles et qu'il tirait son origine de la noble maison de Dormans, d'une noblesse si insigne et si ancienne qu'elle était immémoriale ; » ce qui prouve bien que la noblesse des Dormans était antérieure aux lettres d'anoblissement de 1350, car on n'eût pas officiellement qualifié d'immémoriale une noblesse datant de moins d'un siècle.

[1] *Topogr.* t. I, p. 386.
[2] *Ibid.* p. 385 : « Sa famille descendoit de l'ancienne maison de Dormans. »
[3] Page 13.
[4] Voy. aux *Pièces justific.*, nº 10.

On blasonne généralement l'écu de Lesguisé :
« d'azur à la tête de léopard lampassée de gueules,
avec une bordure (engrêlée ou non) de même[1]. »
Peut-être l'évêque avait-il adopté ces armoiries qui
rappellent celles des Dormans ; mais les Lesguisé
portaient les armes pleines de Dormans, en témoignage de leur origine : *d'azur à trois têtes de léopard d'or, lampassées de gueules[2].*

Jean, évêque de Troyes, mourut à Paris, le 3
août 1450, après vingt-quatre ans d'un épiscopat
fécond au milieu de temps singulièrement troublés.
« Son corps fut amené à Troyes et inhumé dans la
chapelle du Sauveur de la cathédrale, où est son
tombeau avec une inscription[3].

Cette inscription, la voici :

« Cy gist le corps de feu très-prudent et noble
« sieur Monsieur M° Jehan Léguisé, jadis evesque et
« né de Troyes, laquelle evesché il gouverna hono-
« rablement pendant vingt-quatre ans jusqu'au
« 3 août 1450 qu'il trespassa à Paris, dont le corps

[1] A. Roserot, *Armor.*, p. 96, n° 467, d'après le Ms. 2601 de
la Bibl. de Troyes. — *Généal. des Hennequins*, f° 11 v°.

[2] La Chenaye, t. VIII, p. 634 ; Haudicquer, *Nobil. de Pi-
ardie*, p. 290 ; Rietstap, p. 632.

[3] Courtalon, t. I, p. 388.

« fut amené tout entier [et] cy dessoubs inhumé[1]. »

Le vaillant évêque a été placé dans le panthéon des « Hommes illustres de Troyes », honneur que l'historien a voulu justifier par cette élogieuse observation :

« Je ne place Léguisé dans ce recueil que pour
« laisser en sa personne un modèle de l'affection et de
« l'amour qu'un sujet doit avoir pour son Roy et un
« citoien pour sa patrie ; son exemple, sa fermeté
« pour le service de son Roy, son zèle pour le bien
« général de sa patrie, les récompenses dont toutes
« ces qualités furent couronnées, sont de puissans
« aiguillons pour entretenir parmy ses compatrio-
« tes les mêmes sentiments. Ce n'est donc point à
« titre de savant qu'on le voit icy, c'est à un titre
« encore plus noble et plus glorieux, à celui de
« fidèle sujet et de citoyen zélé[2]. »

Ce qui est, en somme, une incomparable épitaphe.

Dès avant son épiscopat, Fontaine-Béthon avait subi le douloureux contre-coup de la grande guerre nationale et de l'invasion étrangère. Les comptes

[1] *Coll. de Champ.; ibid.*
[2] *Ibid.*

du receveur général de l'évêché, font, dans leur laconisme arithmétique, un tableau navrant de la ruine complète de cette terre seigneuriale, naguère si riche, grâce à ses florissantes vignes et moissons. Compte de l'année 1422-1423 :

« Des dismes des vins de Fontaine-Beton et Voi-
« gnonnières, néant, pour ce que aucun ne les a
« osé mettre à pris, pour doubte des Armignaz qui
« ont esté, l'an de ce présent compte, à Monta-
« guillon, Sézanne et ou païs.... Des dismes des
« bleds de Fontaine-Beton et Voignonniers... les-
« quelx dismes n'ont riens valu pour ceste présente
« année, pour ce que le païs a esté et est occupé
« par les ennemis du Roy nostre sire, et n'y en ose
« aler pour iceulx vendre ne cueillir, ne aussi au-
« cune chose n'y a esté labourée [1]. »

L'année suivante, la détresse est la même, la terre n'a pas été cultivée, toujours « pour doubte « d'Armignacs qui ont esté ou pays d'environ [2]. » Jusqu'en 1429, la mention ne varie pas dans le compte annuel du receveur général de l'Évêché :

[1] *Inv. somm.*, t. I, p. 10, note 3, et p. 19, note 4.
[2] *Ibid.*, t. I, p. 10 et 63.

« On ne labeure point ou païs pour la guerre ; pour
« ce, *néant*[1]. » Mention funèbre comme un glas !

«A Fontaine-Béthon, dit M. d'Arbois de Jubainville, l'évêque était décimateur[2].... Fontaine-Béthon, aujourd'hui Béthon, était tout près des forte-
resses de Montaguillon et de Sézanne, possédées
par les Armagnacs jusqu'en 1424. Ce village se
trouva donc jusqu'en 1424 sur le théâtre de la
guerre, et il en resta fort rapproché jusqu'en 1427,
où les Anglais détruisirent le château de Mon-
taimé[3]. »

Fontaine-Béthon, Vaulonnière et les terres envi-
ronnantes mirent plus d'un demi-siècle à se relever
de ce désastre. Le compte des recettes de l'évêché,
pour l'an 1441-1442, porte cette désolante révéla-
tion : « Rien des vignes sises à Béthon, car elles
sont en désert[4]. » Le bénéfice qui, en 1407, était
évalué à vingt-deux livres, n'est plus que de dix
sols dans le pouillé de 1457[5]. Le compte de 1469-
1470 est singulièrement expressif : « De la vigne de

---

[1] *Ibid.*, p. 19, note 4.

[2] Et seigneur temporel, à cette époque.

[3] *Ibid.*; p. 19.

[4] *Ibid.*, p. 67.

[5] H. d'Arbois de Jubainville, *Pouillé*, p. 257, n° 27 : « Fons
Betonis, X s. »

Voignonnières.... laquelle est en ruyne long temps a, *néant*[1]. »

Ces curieux détails, que nous avions le devoir de reproduire, éclairent d'un jour douloureux les fruits de la guerre, même la plus glorieuse. Hélas! de nos jours, la Champagne a de nouveau connu les angoisses, les mortelles amertumes et les ruineuses charges d'une invasion! Que le Dieu de saint Serein lui en épargne à jamais le retour!

Jean Lesguisé avait la vertu de l'économie ; c'était un sage et vigilant administrateur[2] ; les terres de Fontaine-Béthon et de Vaulonnière, complètement ruinées, étant très-certainement onéreuses, dans ces conditions, à leur seigneur temporel, Jean Lesguisé dut penser à se défaire de ce domaine inculte et désolé, en conservant, toutefois, le clos des Nobleaux[3], qui, peut-être, avait moins souffert ou déjà tendait à se relever, et une vigne à Vaulonnière, sans doute pour en affecter le revenu à la chapelle de saint Antoine, sise dans ce dernier fief. De plus,

---

[1] *Inv. somm.*, t. I, p. 70.

[2] Voy. aux *Pièces justific.*, n° 11.

[3] Autrefois ferme de la commune de Béthon. — Les Nobleaux aujourd'hui forment une section du cadastre de la commune de Béthon et se composent de pièces de terre et de pré, à divers. Il n'y a pas de corps de ferme.

tout en délaissant le domaine temporel de Béthon,
l'évêque demeura gros décimateur en la paroisse,
très-vraisemblablement en vertu des donations fai-
tes, trois siècles avant, par Milon, sire de Nogent-
sur-Seine.

IX

JEAN MARIN, VERMOND ET JEAN D'ANTHENAY,
CO-SEIGNEURS DE FONTAINE-BÉTHON

D'un acte de donation du 28 juillet 1457 il appert qu'antérieurement à cette date, la seigneurie de Fontaine-Béthon avait appartenu en même temps à Jean Marin, Vermonnet et Jean d'Anthenay, écuyers. De ces trois co-seigneurs, les deux derniers étaient très-probablement frères et prochement apparentés au premier.

Les seigneurs d'Anthenay [1] tiraient leur nom d'un

[1] Jean Barillon, conseiller au Parlement de Paris, était seigneur d'Anthenay, en 1549. Je n'ai pu retrouver les armoiries de la maison d'Anthenay. « Dans l'église, inutile de chercher, un affreux badigeon recouvre tout. » (Lettre de M. l'abbé L. A. Lasnier, curé de Rumigny et desservant d'Anthenay, 6 oct. 1884.)

fief situé près de Châtillon-sur-Marne. Je n'ai trouvé que peu de documents les concernant[1].

Sur la famille Marin ou des Marins, j'ai recueilli plusieurs documents intéressants[2] ; outre la co-seigneurie de Fontaine-Béthon, elle possédait, au XVe siècle, les fiefs de Vaulonnière, de Montgenost et de Champeaux. Le 6 mai 1493, « noble homme Jehan Marin, escuier, seigneur de Mongenost et de Champeaulx », baille à ferme le courtil Simon, acquis par lui de M. de Lignières, qui le possédait au droit de sa femme, « héritière seulle et pour le tout de feu M. de Treignel[3]. » Jean Marin avait épousé Jeanne de Rapillard[4], qui était veuve vers 1499.

Je n'ai pu retrouver d'une manière certaine les armoiries de la famille Marin. Peut-être faut-il lui attribuer celle des Marin de Montmarin, originaires de Bourgogne, qui portent : d'azur à la fasce d'or, accompagnée en chef de trois croissants d'argent rangés en fasce, et, en pointe, d'un coq d'or, becqué et membré de gueules.

---

[1] Voy. aux *Pièces justific.*, n° 12.
[2] *Pièces justific.*, n° 13.
[3] *Pièces justific.*, n° 14.
[4] Voy. aux *Pièces justific.*, n° 15.

X

HOCHON PIGNE, SEIGNEUR DE FONTAINE-BÉTHON.
LES SALAZAR

Le 22 juillet 1457, noble homme Hochon[1] Pigne[2] acquiert de nobles personnes Jean Marin, Vermonnet et Jean d'Anthenay, écuyers, la terre et seigneurie de Fontaine-Béthon, et, six jours après, il en fait donation à noble homme, Jean de Salazar, écuyer d'écurie du Roi, seigneur de Marcilly-sur-Seine, son cousin, époux de Marguerite de la Trémoille[3].

[1] Hochon, Huchon, Husson, diminutifs de Hugues.

[2] PIGNE : d'azur au soleil d'or à l'orle de 6 estoiles d'argent. (*Pièces orig.*, t. 2276, doss. 51464, p. 23.)

[3] *Pièces justific.*, nᵒ 16.

Hochon Pigne, qui fut pendant six jours seigneur de Fontaine-Béthon, était peut-être fils ou petit-fils d'Olivier Pigne qui, pour ses services, reçut en 1401 du roi Charles VI des lettres de noblesse [1].

Jean de Salazar, dit le grand, un des plus renommés et des plus valeureux capitaines du XVᵉ siècle, appartenait à une des plus anciennes familles de Biscaye. Au dire de ses panégyristes, il « estoit issu des anciens princes gots en Espagne, « et fut envoyé par Sa Majesté Catholicque avec un « gros de seigneurs d'élite du duché de Biscais, pro- « vince d'Espagne, pour aider de leurs courages et « de leurs armes le roy de France Charles VI contre « les Anglois et Bourguignons, qui travailloient le « royaume. Après s'estre signalé parmy les plus « vaillants et belliqueux de son tems par les mar- « ques d'une proisse admirable, il receut le baston « de Mareschal de France et espousa Marguerite « de la Trimouille [2]. »

L'éloge n'est pas excessif, mais il pèche par un point : sans doute Jean de Salazar allait recevoir avec le bâton de maréchal la suprême récompense d'une vie de vaillantise et de loyauté, lorsque la

---

[1] Trésor des Chartes, reg. 156.

[2] Bibl. Nat. *Pièces orig.* t. 2610, p. 282. — Cf. les *Mém. de Comines,* dans la coll. Petitot, t. XI, p. 380.

mort le surprit, mais il ne le reçut point. « Louis XI estimoit si fort son courage, dit un autre historien, qu'il le nomma pour commander l'avant-garde de son armée à la bataille de Montlhéry, avec le grand sénéchal de Normandie et le seigneur de Barbazan. Il se renferma ensuite dans la ville de Paris pour la défendre contre les princes ligués. Il commanda 400 lances et 6,000 archers pour les Liégeois, et soutint en 1469 le siège de Beauvais contre le duc de Bourgogne. Dans la suite, il contribua à la conquête de la Franche-Comté, où il eut le gouvernement de Gray [1]. »

Marguerite de la Trémoille, sa première femme[2], mourut au château de Saint-Just, jeune encore, après seize années d'une union embellie par une couronne d'enfants. Elle fut inhumée dans la nef de l'église abbatiale de Macheret, où se lisait jadis son épitaphe :

« Cy gist damoiselle Marguerite de la Trimouille,
« en son vivant femme d'honoré escuier Jehan de
« Salazar, seigneur de Sainct-Just, Marcilly, et de

---

[1] *Pièces orig., ibid.,* f°s 286-287.

[2] Sa seconde femme fut Marie Braque, dont il eut un fils, Charles de Salazar, qui, en 1485, étudiait en l'Université de Paris. *(Pièces orig., ibid.* p. 97, 101.)

« Fonteyne-Beton, laquelle trespassa le diman-
« che avant Noël l'an mil quatre cens cinquante
« sept. Priez Dieu pour son âme. Amen [1]. »

Le 23 février 1459 [2], « noble homme Jehan de
Salezar, escuier d'escuierie du Roy, seigneur de
Marcilly-sur-Seine, Fontaine-Béthon et autres lieux,
acquiert de Jehan Marin, escuier, demeurant à Es-
clavolles, la haulte justice, moïenne et basse de toute
la terre et seignòrie des ville et finaige de Vaugnonnières [3]. » Pendant plus de trois siècles, les seigneuries de Béthon et de Vaulonnière vont dorénavant
rester unies.

La mort prit Jean de Salazar, chargé de gloire et
d'honneur, à Troyes, le 12 novembre 1479 ; il fut
inhumé à côté de Marguerite de la Trémoille, sa
première femme, « dans l'église du prieuré de Ma-
cherets, près Méry-sur-Seine, où l'on voyt son tombeau de marbre, sa statue ornée de toutes pièces avec
un dragon à ses pieds, » son blason [4] et son épitaphe :

---

[1] *Pièces orig.*, t. 2609, p. 49, et t. 2610, f° 302. — LA TRÉ-
MOILLE : d'or au chevron de gueules acc. de 3 aiglettes d'azur,
becquées et membrées de gueules.

[2] 1458 avant Pâques.

[3] *Pièces orig.*, t. 2609, p. 3. Vidimus du 8 avril 1459 avant
Pâques.

[4] Ecartelé : aux 1 et 4, de gueules à 5 étoiles à 6 rais, en

« Cy gist Jehan de Salazard, natif du pays d'Es-
« paigne, en son vivant chevallier conseiller et
« chambellan du Roy nostre Sire et capiteyne de
« cent lances de son ordonnance, et seigneur de
« Montaigne, Sainct Just, Marcilly, Las, Louzac et
« d'Issoldun, qui trespassa à Troyes le XII° jour de
« novembre l'an de grâce mil quatre centz soixante
« dix neuf. Dieu, par sa grace, de ses péchez par-
« don luy face ! Amen [1] ! »

Outre Charles, né de son second mariage, Jean
de Salazar laissa quatre fils et trois filles : Isabeau,
femme de Bertrand du Lac, chevalier, seigneur de
Douville, Chamerolles et autres lieux ; Jeanne,
femme de Louis de Prie, chevalier, seigneur de
Buzançais, grand-queux de France ; Ragonde,
femme de Tristan de Bien, écuyer, seigneur de la
Brosse. Par suite du partage qui eut lieu le 26 sep-

sautoir, d'or ; aux 2 et 3, d'or à 5 panelles de sable ; sur le
tout, un écu chargé d'une aigle. — Voy. aux *Pièces justificatives*, n° 17.

[1] *Pièces orig.*, t. 2610, p. 91 et f° 299. — Grosley, *Mém. sur
les Troyens cél.*, t. II, p. 372 : « Quand la maison de Mache-
ray fut détruite, le tombeau de Jean de Salazar, tiré des
décombres abandonnés aux adjudicataires de la démolition,
a passé dans l'église de Saint-Just. »

tembre 1481 [1], la terre et seigneurie de Béthon échut
à Lancelot de Salazar.

Le nouveau seigneur avait servi dans la compagnie d'hommes d'armes de son père [2] et, comme lui
fut écuyer du roi. Lui aussi, il fut marié deux fois :
1° à Louise de Courcillon, dont il eut deux fils et
deux filles ; 2° à Marguerite de Vignes. Il mourut le
28 juin et fut inhumé en l'église de Marcilly ; dans
son épitaphe, il était qualifié « chevalier, seigneur
de Marcilly, Fontaine-Béthon, etc., homme d'armes
des ordonnances du Roy [3] ».

A la gloire des armes se joignirent, dans la maison
de Salazar, les honneurs du sacerdoce et de la di-
plomatie. Un des frères de Lancelot, Tristan, successivement évêque de Meaux et archevêque de Sens,
joua un grand rôle sous les rois Louis XI, Charles VIII
et Louis XII. D'une note manuscrite, rédigée peu
de temps après sa mort, j'extrais ce qui suit :

« Tristan de Salazard, archevêque de Sens, fut
« envoyé de leurs Majestez Louis onziesme, Charles
« septiesme et Louys XII° pour traitter la paix en
« Angleterre, en Espagne et à Venise, et encore par

[1] *Pièces justific.*, n° 18.
[2] *Pièces orig.*, t. 2610, p. 82.
[3] *Ibid.*, f° 294.

« ledit Louys devers les cantons des Suisses pour y
« traitter l'accord, l'alléance et confédération avec
« le royaume, où il feit veoir qu'il estoit homme
« d'Estat et d'affaires... Il mourut l'an 1518 et est
« enterré en son église, derrière le grand autel, à
« main droicte, où se veoit un beau tombeau où est
« sa figure, et un épitaphe que Jehan de Salazard,
« son cousin, abbé de Sainte-Colombe, archidiacre
« de Sens, luy a fait faire [1]. »

Jacques de Salazar, fils de Lancelot, fut après lui
seigneur de Béthon. D'un acte de transaction du 12
décembre 1699, que j'ai déjà mentionné et dont je
parlerai à sa date, il appert qu'en 1519 il passa avec
les habitants de Béthon un accord par lequel il leur
permettait de prendre dorénavant du bois et de
faire paître leurs bestiaux dans la pièce de bois appelée « la vieille thuillerye ».

Par contrat du 1er mai 1520, il épousa Jeanne de
Saint-Simon, fille de Guillaume, seigneur de Rasse,
Précy et autres lieux, et de Marie de la Vaquerie.

Fidèle à ses chevaleresques traditions, le seigneur
de Béthon avait déjà valeureusement servi les rois
Louis XII et François Ier, lorsqu'il suivit ce dernier

1 Pièces orig., t. 2610, fo 282 vo

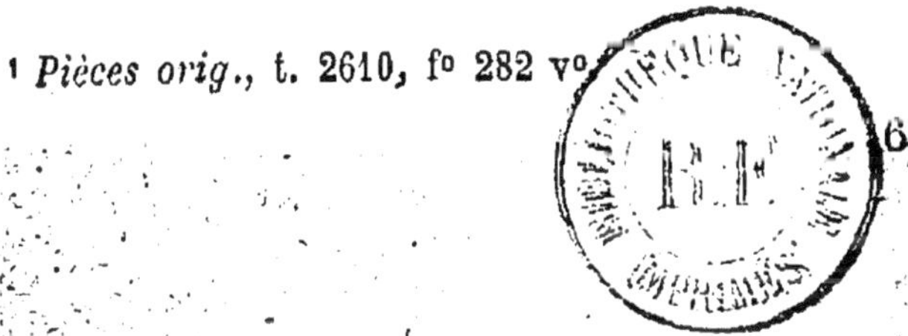

prince dans son expédition d'Italie. Qui ne se rappelle les prodiges de vaillantise que fit l'armée française dans la déplorable journée de Pavie, le 24 février 1525 ! Jacques de Salazar fut un des héros de cette triste et glorieuse défaite ; ne pouvant vaincre, voyant que tout était perdu fors l'honneur, il voulut mourir, et tomba magnanimement en faisant de son corps un rempart à son Roi. Sa dépouille, pieusement rapportée en France, fut inhumée dans l'église de Marcilly, où jadis se lisait un quatrain latin, glorifiant sa fin héroïque[1]. — Le roi-chevalier ne fut pas ingrat : le 13 juin 1527, il fit don de droits seigneuriaux importants « à dame Jehanne de Rouvroy, dite de Saint-Simon, vefve de Jacques de Salezart, chevalier, seigneur de Marcilly, Fontaine-Béthon, etc[2]. »

Jacques de Salazar ne laissa que des filles. Dans le partage des biens de sa succession, les terres et seigneuries de Marcilly, Potangis et Béthon, échurent à sa seconde fille, Jeanne, femme de Florimond de Biencourt.

---

[1] *Pièces orig.*, t. 2610, f° 285.

[2] Mémoriaux de la Chambre des Comptes, 27° livre, coté DD, f° 241. — *Pièces orig., ibid.* p. 154.

XI

FLORIMOND DE BIENCOURT[1],
SEIGNEUR DE FONTAINE-BÉTHON

C'est encore une race illustre qui, avec Florimond de Biencourt, illustre lui-même, succède aux Salazar dans le domaine seigneurial de Béthon ; elle n'a fait qu'y passer, mais nous verrons quelles traces splendides de son passage elle a laissées.

On a sur cette très-ancienne maison du Vimeu de sérieux travaux généalogiques, dont les plus importants sont du savant bénédictin Dom Villevieille, de l'intègre Chérin et de l'archiviste Clabault. Hainfroy

---

[1] BIENCOURT : De sable au lion d'argent, couronné, armé et lampassé d'or.

de Biencourt, chevalier, prit part à la troisième croisade avec Raoul, comte de Soissons [1].

L'histoire de cette noble race n'est qu'une longue et brillante série de fidèles et valeureux services, que l'on ne résumerait même pas en de nombreuses pages. Florimond de Biencourt, chevalier, seigneur de Poutrincourt, Saint-Maulvis, Fontaine-Béthon, Marcilly-sur-Seine et autres lieux, époux de Jeanne de Salazar, fut successivement homme d'armes sous le duc de Guise, conseiller et maître d'hôtel du Roi François Ier et du Dauphin Henri II[2], l'un des cent gentilshommes de l'hôtel de Sa Majesté, bailli de Vermandois, gouverneur d'Aumale, commissaire général aux places fortes et aux revues, ambassadeur de François Ier auprès de Charles Quint, et chargé de procuration, en 1549, pour épouser, au nom de François de Lorraine, fils du duc de Guise,

---

[1] Charte d'emprunt datée d'Acre, au mois d'août 1191. (Bibl. Nat., Ms. lat. nouv. acq. 1080, p. 21.) — Cf. O. de Poli, *Nobiliaire des Croisades*, dans la revue de *La Terre Sainte*, n° du 15 nov. 1884.

[2] « En consideracion des services qu'il avoit rendus à la guerre. » — La Chenaye dit que ce dauphin était François, duc de Bretagne, fils aîné de François Ier ; mais ce jeune prince était mort en 1536, et les lettres qui confèrent à Florimond de Biencourt la charge de maître d'hôtel du Dauphin sont du 6 juillet 1544.

Anne d'Este, fille d'Hercule II, duc de Ferrare et de Renée de France.

Le 3 avril 1560, « noble et puissant seigneur messire Floremont de Biencourt, chevalier, etc., en son nom et comme procureur de noble et puissante dame Jehanne de Salezard, sa femme, » vendit « les terres et seignouryes de Fontaines de Beton et Vauguonnières et la Tormentrasse, » pour le prix de onze mille livres tournois, à « noble et puissante damoiselle Magdelaine de Choiseul, vefve de feu noble et puissant seigneur messire Ferry de Nicey[1]. »

Vingt ans avant, le fils des croisés et la petite-nièce de l'archevêque de Sens avaient érigé, dans leur seigneurie de Béthon, un monument de leur foi vive et de leur piété généreuse, qui est toujours debout et dont j'ai le devoir de parler.

[1] Archives du château de Béthon, orig. parch. — Voy. aux *Pièces justificatives*, nº 19.

XII

L'ÉGLISE SAINT-SEREIN DE BÉTHON

« L'église Saint-Serein de Béthon, dit M. Ad. Guérard, notée par la commission archéologique, paraît avoir été bâtie par le connétable Anne de Montmorency, qui était seigneur du pays et habitait le
château. Elle est remarquable par son étendue et
son élevation. Ses fenêtres sont du style flamboyant
du XVIe siècle. Au-dessus du bénitier, on voit un
Dieu de pitié qui est un morceau de sculpture assez
remarquable[1]. »

Avant M. Guérard, voici ce qu'avait dit M. l'abbé
Boitel, curé de Montmirail, ancien curé d'Esternay,

[1] *Statist. histor. du dép. de la Marne*, 1862, p. 209.

chanoine honoraire de Châlons et membre de la commission d'archéologie :

« Béthon possède l'église la plus belle et la plus régulière de tout le canton ; plusieurs villes envieraient un pareil vaisseau. Cette église est sous le vocable de saint Serein. Elle a la forme d'une basilique, ses trois nefs sont d'égale longueur, mais celle du milieu est plus haute, plus large, et se termine en hémicycle. Les voûtes en pierre s'élancent avec majesté. On aperçoit aux clefs de voûte du sanctuaire les armes de la famille de Montmorency, à qui le château appartint jadis.

« On découvre la date précise de la construction de ce monument dans un écusson d'une croisée, à droite, où se trouve incrusté le millésime de 1540. Alors était seigneur du château de Béthon Anne de Montmorency, connétable de France. Il était en disgrâce, et consacra ses loisirs à élever à Béthon un magnifique monument religieux.

« On se pose cette question : comment et pourquoi a-t-on construit une église aussi belle et aussi vaste pour un village qui ne devait guère contenir que quatre cents habitants ? On n'y peut répondre parce que les anciens titres sont perdus. On présume seulement que l'on aura voulu faire honneur à un des plus grands saints de la Champagne, à saint Serein. Le seigneur, les habitants du lieu et l'évêque de Troyes auront rivalisé de zèle pour lui élever un monument digne de sa haute vertu : de plus, la maison de Montmorency était fort riche et très-puissante, elle n'aura rien épargné pour la construction de cet édifice. Il y avait aussi de belles verrières, mais il n'en est resté presque rien... Nous pensons que les bénédictins de Nesle-la-Reposte auront aussi contribué, pour leur part, à la construction de l'église de Béthon, car ils possédaient une pièce de terre auprès de ce monument[1]. »

Ce n'est pas à la maison de Montmorency que revient l'honneur d'avoir construit, en 1540, dans de belles et élégantes proportions, l'église paroissiale de Saint-Serein ; l'austère et vaillant connétable ne fut pas seigneur de Béthon ; ce n'est, on le verra, que dans la deuxième moitié du XVIII⁰ siècle que le nom des premiers barons chrétiens de France apparaît dans la chronologie de ses seigneurs. M. Guérard et M. l'abbé Boitel ont certainement été induits en erreur par un examen superficiel des blasons sculptés dans l'église de Béthon, avec la date de 1540, et qui, vus d'en bas, ont, en effet, quelque analogie avec celui des sires de Montmorency, *d'or à la*

____

[1] *Rech. hist.*, 1850, p. 173-175.

croix de gueules cantonnée de seize alérions d'azur ;
tandis que les armoiries sculptées à la clef de voûte
du chœur, et reproduites dans les meneaux de la
quatrième fenêtre du côté droit, sont : *Ecartelé, aux
1 et 4, de... à cinq étoiles rangées en sautoir, aux 2 et
3, de... à cinq panelles*[1] *rangées de même, et, sur le
tout, un écu chargé d'une aigle.* A ladite fenêtre, en
pendant avec cet écusson, à sa gauche, en est
sculpté un autre, chargé d'un lion armé et lampassé.
Chacun de ces blasons porte en légende la date de
1540. Or, à cette date, le seigneur de Béthon était,
non Anne de Montmorency, époux de Madeleine de
Savoie, mais Florimond de Biencourt, époux de
Jeanne de Salazar, et ce sont, en effet, les armes de
Biencourt et de Salazar qui subsistent dans l'église
de Saint-Serein, comme un témoignage, désormais
impérissable, de leur pieuse munificence.

Ce ne sont pas les seules sculptures héraldiques
qui se remarquent dans l'église de Béthon : un très-
élégant monogramme flamboyant, formé des ini-
tiales grecques du nom de Jésus-Christ[2] et terminé
à chacune de ses six branches par une fleur de lis,
orne la première clef de la grande nef, et la pensée
qui vient à la vue de ce royal emblème est qu'un

---

[1] Nom héraldique de la feuille de peuplier.
[2] I. X.

prince de la Maison de France dût faire, au xvi° siècle, le pèlerinage de Saint-Serein de Béthon, et qu'il
voulut laisser dans l'église que l'on reconstruisait
une marque de son passage et de sa pieuse libéralité ; pensée que confirme la présence de trois fleurs
de lis à la deuxième clef de la voute du chœur, d'un
écusson écartelé de France et de Dauphiné à la
voûte de l'autel de la Sainte Vierge, et enfin des
armes pleines de France, sommées de la couronne
fleurdelisée, à la deuxième clef de la nef.

Lapides clamabunt ! Ces pierres sculptées parlent,
en effet : si nous nous rappelons en quelle haute faveur était Florimond de Biencourt, non seulement
auprès de François Ier, dont il était un des cent
gentilshommes, le conseiller, le maître d'hôtel, l'un
des plus vaillants capitaines, et qui lui écrivait en
des termes si flatteurs, mais encore auprès du dauphin Henri ; si l'on se rappelle, encore et surtout,
que madame de Biencourt était la fille de ce preux
Jacques de Salazar, seigneur de Béthon, mort aux
côtés de François Ier à Pavie, la lumière jaillit : il
devient évident que le roi-chevalier et son fils parti-
cipèrent à la reconstruction de l'église de Saint-Serein de Béthon, et cette présomption, cette certitude
en explique les dimensions extraordinaires. Les lieux
même les plus humbles, lorsqu'ils étaient le but

d'un pèlerinage populaire, avaient ordinairement une église construite plutôt en vue de la multitude des pèlerins que de la faible population de la paroisse ; mais comment un pauvre village eut-il suffi à de si lourds dépens ? Le seigneur, s'il était riche, donnait beaucoup sans doute, mais ce n'était pas encore assez ; heureux, s'il avait l'honneur d'approcher le roi très-chrétien, et la fortune d'être dans sa grâce !

Le monogramme précité et les blasons royaux sont d'une main plus expérimentée que celle qui sculpta les armoiries de Biencourt et de Salazar ; ils sont évidemment postérieurs à celles-ci, et nous en pouvons, sans témérité, déterminer la date approximative : Florimond de Biencourt ayant été nommé conseiller et maître d'hôtel du dauphin le 6 juillet 1544 et le roi François Ier étant mort le 31 mars 1546, c'est entre ces deux dates que doit se placer leur généreuse contribution.

Une des filles de Florimond de Biencourt, Jeanne, fut demoiselle d'honneur de la princesse Marie Stuart[1], dauphine, puis reine de France, que les poètes du temps comparent à l'envi à la reine des jardins, je veux dire à la rose, non seulement pour

---

[1] La Chenaye, Saint-Allais, Mis de Belleval, etc.

rendre hommage à cette fleur de royale jouvence, mais aussi parce qu'en France « la rose » symbolisait son origine anglaise [1]. Or, en l'église de Béthon, dans la travée qui aboutit à l'autel de la Sainte Vierge, tout près des armoiries sculptées de Florimond de Biencourt et de Jeanne de Salazar, une des retombées de la voûte se termine par une rose héraldique, et une autre par la figure d'un dauphin entourant une rose. Ce sont là, sans nul doute, des témoignages de la participation de François de Valois et de Marie Stuart à la reconstruction de l'église de Saint-Serein. Leur union étant de l'année 1548, et le roi Henri II étant mort en 1559, c'est donc entre ces deux dates qu'il faut placer leur pieuse libéralité.

Ce n'est pas un minime honneur pour Béthon que de pouvoir buriner authentiquement dans ses fastes les augustes noms de trois rois et d'une reine de France ; après l'illustration que lui donnent les éclatants mérites de saint Serein, il n'en a pas de plus grande ; une inscription devrait consacrer ce royal souvenir, et celui de la chrétienne munificence de Florimond de Biencourt et de Jeanne de Salazar.

---

[1] C'est ainsi que presque toutes les anciennes familles du nom de *Langlois* ont dans leur blason une ou plusieurs roses.

J'aurais voulu reconstituer la chronologie des curés de la « paroisse Sainct-Serein de Béthon, autrefois Fontaine-Béthon, doyenné de Pont[1] » ; je n'ai pu retrouver que les suivants :

1638 : Nicolas Féor.

1655 : Pierre Prevost.

1659 : Pierre Collet.

1664 : Jean Guesdon.

1679 : Pierre Chenuat ou Chernat.

1709 : Philippe Baron.

1730 : Hubert Bertrand.

1762 : Ollagnier de Vaux.

1765 : Louis Simon.

1782 : Louis Gérard.

1789 : Bartez.

Après la Révolution : M. Grenier.

1816 : M. Dujardin.

1819 : M. Dodement.

1826 : M. Huet.

1831 : M. Barrat.

1837 : M. Géant.

1839 : M. Fleury.

1845 : M. Tudès.

---

[1] *Inv. somm. des Archives de l'Aube*, t. I, p. 124.

1858 : M. Carteron.
1869 : M. Bliard.

Notons au passage que toutes les dîmes appartenaient à l'évêque de Troyes, sauf celles des nouvelles défriches qui revenaient au curé de Saint-Serein. A Vaulonnière, il y avait, avant la Révolution, sur le chemin de Chantemerle, une belle chapelle de Saint-Antoine, propriété de l'évêque, qui l'entretenait de ses deniers.

Dans le clocher de l'église de Béthon sont trois cloches, qui ont eu pour donateurs et parrains les propriétaires du château, ainsi que le constatent les inscriptions : la première, portant la date de 1786 et les noms du comte et de la comtesse du Myrat[1] ; la seconde et la troisième de 1843, portant l'une les noms de Mr et Mme Vanin, l'autre ceux de Mr et Mmo Le Brun de Neuville.

Deux siècles après sa reconstruction, l'église avait besoin de restaurations importantes, en vue desquelles l'assemblée générale des habitants fut appelée à se prononcer[2]. Vingt et un témoins sur trente-et-un apposent leurs signatures au bas de cette intéressante délibération ; pour n'être pas obli-

---

[1] Voy. aux *Pièces justific.*, n° 20.
[2] *Pièces justific.*, n° 21.

gatoire et fort onéreuse aux contribuables, on voit qu'en l'an de grâce 1786 l'instruction était cependant en honneur parmi les bons vignerons de Béthon.

XIII

MADELEINE DE CHOISEUL-LANQUES,
DAME DE FONTAINE-BÉTHON
LES NICEY

On a vu que, le 3 avril 1561, Florimond de Biencourt et Jeanne de Salazar vendirent leurs seigneuries de Fontaine-Béthon, de Vaulonnière et de la Tormentrasse à Madeleine de Choiseul[1], veuve de noble et puissant seigneur Ferry de Nicey, issue d'un illustre lignage dont nous retrouverons bientôt le noble nom, au cours de cette monographie. Elle était fille d'Antoine Iᵉʳ de Choiseul[2], baron de Lanques, seigneur d'Is-en-Bassigny en partie, d'Au-

---

[1] *Pièces justific.*, nº 9.

[2] CHOISEUL-LANQUES : D'azur à la croix d'or cantonnée de 18 billettes de même, 5 en sautoir à chaque canton du chef, et 4 à chaque canton de la pointe.

treville, Chamarande, Pressigny,et d'Anne de Ray[1], fille de Claude et de Jeanne de Roussillon, baronne de la Ferté-sur-Amance et dame de Pressigny[2].

La maison de Nicey[3] était anciennement possessionnée dans le comté de Champagne, qui paraît avoir été son berceau, dans le duché de Bar et dans le comté de Joigny. On la suit dans l'histoire depuis Hugues qui, en 1108, donna à l'abbaye de Molesme, pour la réception de deux de ses fils qui y prirent l'habit monastique, la terre de Nicey et la moitié du fief qu'il possédait à Channay[4].

Madeleine de Choiseul mourut vers 1580, laissant à son fils aîné, Ferry de Nicey, gentilhomme ordinaire de la chambre du Roi et lieutenant d'une compagnie de cinquante hommes d'armes de ses ordonnances, entre autres biens la terre et seigneurie de Fontaine-Béthon.

[1] Ray, en Franche-Comté : de gueules au rais d'escarboucle pommeté et fleuronné d'or.

[2] Communiqué par M. l'abbé Grassot, curé de Choiseul, qui prépare une généalogie complète de cette illustre maison.

[3] NICEY : de gueules au chevron d'argent, avec un chef d'azur chargé de 2 coquilles d'argent. Supports : 2 enfants nus. Cimier : une hure de sanglier. (*Pièces orig.* Nicey, p. 30.)

[4] Cartul. de l'abb. de Molesme, p. 29. — Dom Villevieille, *Trésor*, t. 64, f° 30.

Ferry de Nicey mourut vers 1617, laissant un fils, Etienne, chevalier, gentilhomme ordinaire de la chambre du Roi, seigneur de Romilly-sur-Seine, Fontaine-Béthon, Lagesse, Juvandey et autres lieux, marié à Claire de Bragelogne, fille de Thomas, écuyer, seigneur de Jouy, et de Thomasse Seguier, et dont il eut, entre autres enfants, Catherine de Nicey, mariée, par contrat du 27 janvier 1632, avec Louis de Choiseul, marquis de Francières, à qui elle porta les terres et seigneuries de Romilly, et de Fontaine-Béthon et Vaulonnière en partie.

Etienne de Nicey était mort vers 1650, et sa veuve avait eu pour son douaire la principale partie de la seigneurie de Béthon ; car, à ladite date, des bornes seigneuriales ayant été, d'un commun accord entre les seigneurs de Béthon et de Montgenost, placées à la limite de leurs bois respectifs, ces bornes, qui sont encore debout, furent blasonnées, du côté de Montgenost aux armes des **Le Roux de Sigy**[1], et du côté de Béthon aux armes de **Bragelogne**[2].

---

[1] D'azur à 3 têtes de léopard d'or languées de sable.

[2] De gueules à la fasce d'argent chargée d'une coquille de sable et acc. de 3 molettes d'éperon d'or.

XIV

LES CHOISEUL

Louis de Choiseul, époux de Catherine de Nicey, mestre-de-camp d'un régiment d'infanterie, capitaine aux chevau-légers du prince de Condé, bailli et gouverneur de Langres, lieutenant-général des armées du Roi, était de cette illustre maison dont l'origine se perd dans la nuit des temps, et qui, parmi ses membres, compte des croisés, des maréchaux de France, des chevaliers des ordres, des ministres, des ambassadeurs, des évêques, des abbés et abbesses de monastères, des membres de l'Académie française et de l'Académie des inscriptions.

Des actes de Louis de Choiseul, seigneur de Béthon, nous ne voulons rappeler qu'une pieuse donation, par lui faite à l'église de Saint-Serein, conjointement avec sa femme, à charge de prières perpétuelles pour le repos des âmes d'Etienne de Nicey et de Claire de Bragelogne[1]. Il mourut vers la fin de 1659 ; Catherine, sa veuve, eut dans son douaire une part de la terre de Fontaine-Béthon et Vaulonnière ; l'autre part échut à son fils Claude, comte de Choiseul, marquis de Francières, grand bailli de Langres, un de nos plus illustres maréchaux de France, mort en sa 79° année, criblé de blessures, comblé d'honneurs et de gloire, et tout naturellement appauvri.

En 1671, la terre de Béthon et « Vaugnonnière » fut saisie à la requête de Pierre le Meusnier, président au parlement de Metz, créancier du comte de Choiseul, et adjugée, aux criées du Palais, à Paris, à noble homme Jacques Chesneau, bourgeois de Paris.

---

1 *Pièces justific.*, n° 22.

XV

JACQUES CHESNEAU[1], SEIGNEUR DE FONTAINE-BÉTHON LES LANGELERIE

Jacques Chesneau, qualifié dans les actes, « gentilhomme de la grande fauconnerie de France », avait épousé Anne Tholimet, d'une famille de la bourgeoisie parisienne ; il était veuf sans enfants au mois de février 1684.

Le 12 décembre 1699, a lieu une transaction sur procès « entre Jacques Chesneau, escuyer, seigneur de Béthon et Vaugnonnière, gentilhomme ordinaire du Roy en la grande fauconnerie de France, et les habitans du dict lieu de Béthon, assemblés à la

---

1 CHESNEAU : de sable à une bande d'or, acc. de 2 chênes arrachés de même, l'un en chef et l'autre en pointe.

porte de l'église, après que la cloche a esté sonnée à la manière accoustumée, au sujet des bois de la seigneurie et de ceux des habitans, procès porté devant nos seigneurs des eaux et forests de la table de marbre du pallais, à Paris. » Dans cet acte, il est fait mention d'un dénombrement de la terre et seigneurie de Béthon, de l'an 1394, où il était noté que la dite seigneurie avait « cent dix arpents de bois au lieu dict le Bois de la vente Guilliet, Sequestré et Montanglots. Le desnombrement de 1561 réitère la mesme déclaration. »

Une « transaction, passée en 1519 entre le seigneur de Béthon et les dicts habitans », permet à ceux-ci de prendre du bois et de faire paître leurs bestiaux dans la pièce de bois appelée « la vieille thuillerye[1]. »

La terre de Béthon devait être onéreuse à ses maîtres, car elle fut saisie sur Jacques Chesneau, comme elle l'avait été sur Claude de Choiseul. Forcé de se défaire de sa seigneurie, il ne s'en éloigna pourtant pas, et, dans divers actes ultérieurs, on le voit agir en qualité de chargé de la procuration de maître Nicolas de Langelerie, procureur en la cour, à qui il avait vendu la terre et le château de Béthon, le 16 mars 1697.

[1] Titres de famille.

Jacques Chesneau testa le 11 avril 1711, et mourut peu de jours après. L'acte de ses volontés dernières lui fait honneur ; nous en donnons un extrait aux pièces justificatives [1].

De 1697 à 1750, Béthon demeura dans la famille de Langelerie [2], qui était probablement un rameau d'une ancienne et noble maison bretonne [3], appauvrie comme tant d'autres par l'état de gentilhomme.

Nicolas de Langelerie avait épousé Madeleine Le Brun, d'une ancienne famille de l'Isle-de-France, qui lui donna deux fils. Antoine-Thomas, l'aîné, mourut, ainsi que son père, avant le 14 décembre 1717.

Le 22 janvier suivant, dame Madeleine Le Brun, veuve, fit donation de la terre et seigneurie de Béthon et Vaulonnière au survivant de ses deux fils, Noël-François de Langelerie, écuyer, conseiller du Roi, auditeur en sa chambre des comptes de Paris, qui mourut, le 23 mars 1738, d'une fluxion dè poitrine [4], laissant de son alliance avec Suzanne Aubry un fils et trois filles [5].

[1] N° 23.

[2] LANGELERIE : d'azur au sautoir d'or, acc. de 4 billettes de même. (Cab. des titres, *Armor. gén.*, Paris, t. III, p. 413.)

[3] Voy. aux *Pièces justific.*, n° 24.

[4] Voy. aux *Pièces justific.*, n° 25.

[5] Une des filles, Hélène-Elisabeth, était mariée avec Jean-Claude Courtin, écuyer, Sʳ de Crouy.

La seigneurie de Béthon demeura indivise entre eux jusqu'au premier juin 1745, qu'eut lieu la licitation[1], en vertu de laquelle Nicolas-Charles de Langelerie, écuyer, conseiller du Roi, auditeur en sa chambre des comptes, fils de feu Noël-François, en devint le seul seigneur.

Le 22 janvier 1750, par acte passé devant Brillon et Bontemps, notaires au Châtelet de Paris, Nicolas-Charles de Langelerie vendit la seigneurie de Béthon et Vaulonnière à Charles-Auguste Noguez de la Garde, écuyer, mousquetaire du Roi dans la première compagnie, chevalier de l'Ordre royal et militaire de Saint-Louis, demeurant à Paris en l'hostel des Mousquetaires.

[1] Par devant Brillon et son confrère, notaires au Châtelet de Paris.

XVI

CHARLES-AUGUSTE NOGUEZ DE LA GARDE,
LE COMTE D'HELMSTATT,
SEIGNEURS DE FONTAINE-BÉTHON.

Le nom de Noguez ou Noguès[1], ancien en Languedoc, en Navarre et en Béarn, était représenté à la huitième croisade, ainsi qu'il appert de la quittance dont voici la traduction :

« Que tous ceux qui ces lettres verront sachent que moi Gonzalve Noguès, capitaine, j'ai reçu de vous, Agapet Gacolo, quarante livres tourn. de bonne monnaie, lesquelles me sont prêtées par mandement de monseigneur Alphonse, comte de Poitiers, et que je dois donner et payer au temps

[1] NOGUÈS ou NOGUEZ : d'or au noyer fruité de sinople, accosté de 2 ours rampants et affrontés de sable.

fixé et aux clauses convenues, et de la dite somme je me tiens aujourd'hui pour bien payé. Sont témoins Carbonnel de la Roche et Armand de Carrière. Et moi Garcie, clerc, j'ai écrit cette charte et y ai apposé mon scel accoutumé en témoignage de ce qui précède. Donné à Damiette le 2 novembre 1249[1]. »

Charles-Auguste Noguez de La Garde, l'acquéreur de Béthon, avait un frère aîné, Jacques, écuyer, seigneur de la Garde, ci-devant mousquetaire, marié à Marie-Renée Maromme de la Mairie.

Les deux frères ne furent à Béthon que des éphémères.

Ils n'ont fait que passer, ils n'étaient déjà plus!

Au mois d'avril 1755, la terre et le château de Béthon furent acquis par haut et puissant seigneur Bleickard-Maximilien-Augustin, comte d'Helmstatt[2] et de Morange, baron du Saint Empire, colonel du régiment de cavalerie de Bourgogne, époux de Louise-Henriette de Montmorency-Laval[3], fille de

---

[1] P. Roger, *La nobl. de France aux Croisades*, p. 133.

[2] HELMSTATT : d'argent au coq s'essorant de sable. (La Chenaye, t. VIII, p. 15.) — D'argent au corbeau s'essorant de sable, langué de gueules. Casque couronné. Cimier : 2 proboscides de sable et d'argent. (Rietstap, p. 498.)

[3] MONTMORENCY-LAVAL : d'or à la croix de gueules chargée de 5 coquilles d'argent et cantonnée de 16 alérions d'azur.

Gui-Claude-Roland[1], gouverneur de Béthune, gouverneur pour le Roi en Lorraine, grand chambellan du roi de Pologne, maréchal de France le 17 septembre 1747, et de Marie-Elisabeth de Rouvroy Saint-Simon.

Le comte d'Helmstatt était d'une ancienne famille du margraviat de Bade ; du service de Stanislas, roi de Pologne, il était passé au service du roi de France, grâce à la puissante protection du maréchal de Laval, son beau-père. — La comtesse, sa femme, était la sœur puinée de Marie-Louise de Montmorency-Laval, abbesse de Montmartre, et de Joseph-Pierre, comte de Laval, colonel du régiment de Guyenne infanterie, menin du Dauphin, tué le 31 juillet 1757 à la bataille d'Hastembeck.

On voit qu'il n'y a pas de fumée sans feu, et qu'il faut toujours tenir compte de la tradition dans une sage mesure : le très-illustre nom de Montmorency, comme elle l'enseignait, a passé dans les fastes de Béthon, mais, comme bien d'autres, il n'a fait qu'y passer ; dix années à peine ! Il y a loin de ces deux lustres à « plusieurs siècles » . Mais tel était le prestige de ce grand nom, resplendissant de tant de gloire, que son court passage a laissé comme

[1] La Chenaye l'appelle « Claude-Roland. »

un long sillon de lumière dans les modestes annales de Béthon.

Ce fut le comte d'Helmstatt qui replaça sur le haut du plateau le château, auparavant enclavé dans le village[1] ; mais il ne jouit pas longtemps de sa nouvelle habitation : le 13 mars 1762, il vendit à l'abbé Terray, alors conseiller-clerc au parlement de Paris, plus tard contrôleur général des finances, la terre et seigneurie de Béthon avec droits de haute, basse et moyenne justice et les autres droits féodaux qui y étaient attachés.

[1] Le précédent châtelain, Ch. Aug. Noguez de la Garde, avait fait l'approche des matériaux ; il les comprit dans la vente de la terre et seigneurie de Béthon.

XVII

L'ABBÉ TERRAY, SEIGNEUR DE FONTAINE-BÉTHON

Joseph-Marie Terray [1], né à Boën-sur-Lignon, en Forez, le 3 mai 1715, était le neveu de François Terray, écuyer, conseiller secrétaire du Roi, conseiller d'Etat, premier médecin consultant de Louis XIV, puis de Philippe, duc d'Orléans, régent de France, et premier médecin de Madame. Cet esculape de cour avait amassé une fortune considérable, à ce point de pouvoir acquérir « les chatellenies, fiefs, terres et seigneuries de Poligny, Polizot, Buxeuil, Ballenot, Bourguignon, Charmoy et Celles,

---

[1] TERRAY: d'azur à la fasce d'argent, chargée de 5 mouchetures d'hermine de sable et acc. de 3 croix tréflées d'or, avec un chef de même, chargé d'un lion naissant de gueules.

cy-devant faisant la plus grande partie du duché de Choiseuil, » et qu'il revendit avec bénéfice, le 1er août 1719[1]. L'oncle passa de vie à trépas vers 1730, laissant tous ses biens à son neveu.

L'abbé Terray a été violemment attaqué par ses contemporains et par les panégyristes du siècle de Voltaire ; pourtant il était de son temps, et certes n'était pas plus mauvais que lui ; ses détracteurs, les ingrats ! oublient qu'il fut un des champions actifs de l'expulsion de la société de Jésus.

Peu de ministres ont été plus épigrammatisés ; pas un ne fut plus indifférent à la satire. Lorsqu'en 1769 le patronage du chancelier de Maupeou valut à l'abbé Terray le poste de contrôleur général, les malcontents se mirent en frais de lardons : « Il faut, dirent-ils, que les finances soient bien malades, puisqu'on appelle un prêtre pour les *administrer*. »

Elles étaient malades, en effet, et le nouveau ministre, ce neveu d'un médecin, fut l'homme des remèdes héroïques ; persuadé que l'on ne tirerait la France de cette crise qu'en la saignant, il appliqua d'une imperturbable main les expédients salutaires, réformant ceci, amputant cela, réduisant les rentes, les pensions, les traitements, sabrant les sinécures,

---

[1] *Pièces orig.*, t. 2809, doss. 62475, p. 3.

augmentant les taxes, et, par suite, accumulant sur sa tête les colères, les rancunes et les malédictions. Mais l'abbé était de l'école du cardinal Mazarin : il faisait chanter, je me trompe, il laissait chanter les Français, et les Français payaient ; qu'importait une épigramme de plus ou de moins ?

— Vos opérations, lui dit une de ses victimes, équivalent absolument à prendre l'argent dans les poches.

— Hé ! Où voulez-vous que je le prenne ? répartit le contrôleur général des finances.

On a trouvé la répartie très-fine, et puis on lui en a fait un crime. Au moins, il avait de l'esprit ; tandis que, sans aller chercher bien loin, combien en avons-nous vu passer de ministres des finances, incapables de faire le mot, mais faisant délibérément la chose, et pis encore ! Nous payons aujourd'hui sept ou huit fois plus d'impôts que du temps de l'abbé, et nous avons assisté à la réduction du revenu des rentiers, hypocritement déguisée sous le vocable anodin de « conversion de la rente ». Le pays fléchit sous le faix et, sorti de sa voie traditionnelle, il n'a plus même la force de tympaniser la flibuste d'Etat !

. Mais revenons à Béthon.

En 1765, accédant, non sans compensation, au

vœu unanime de ses vassaux, le seigneur de Béthon consentit à la suppression du moulin-à-vent banal [1].

Au mois d'octobre 1772, l'abbé Terray acquit de haut et puissant seigneur Maximilien Gon [2], vicomte d'Argenlieu, colonel d'infanterie, chevalier de l'Ordre royal et militaire de Saint-Louis, et de haute et puissante dame Marie-Anne Morel, sa femme, la terre et seigneurie de la Chalmelle, relevant du Roi à cause de son château de Sézanne, le fief de Boulage et le fief des Mouches, d'où dépendait le bois Vilbion. Le vicomte d'Argenlieu possédait ces biens du chef de sa femmè, qui les avait recueillis dans la succession de messire Pierre-Benoît Morel, son père, président à la cour des aides de Paris, lequel les avait acquis, par deux contrats des 9 et 10 février 1720, de Charles Dupont, chevalier, seigneur de Nuisement, qui, lui-même, les tenait de ses père et grand-père. Avant d'être aux Dupont, ces biens avaient peut-être appartenu aux d'Anthenay, dont un d'eux, Claude, se qualifiait en 1576, « seigneur de Villebyon » et autres lieux [3].

[1] *Pièces justific.*, n° 26.

[2] Famille ancienne en Bourgogne, alliée aux Lamoignon. En 1491, noble Jehan Gon était capitaine de Saint-Julien-du-Sault. (Max Quantin, *Inv. somm. des archiv. de Sens* p. 8.)

[3] *Pièces justific.*, n° 12.

Nous avons vu que l'abbaye de Saint-Louis et Sainte-Claire de Nogent-l'Artaud, du diocèse de Soissons, de l'Ordre des Urbanistes, fondé par Urbain IV, possédait à Fontaine-Béthon le fief de Tronchet ou Tronchot, que très vraisemblablement elle devait à la munificence de ce pontife.

De ce fief dépendait une portion de bois appelée « bois Michaux », ayant autrefois appartenu, d'après des titres authentiques [1], aux religieuses de Nogent l'Artaud.

Le propriétaire de la terre de Béthon, ayant; en 1838, rattaché à sa propriété cette portion de bois, on est d'autant plus en droit de compter, comme nous l'avons dit, le grand Pape champenois au nombre des anciens seigneurs d'une fraction de ce domaine.

Le 31 décembre 1777, « haut et puissant seigneur messire Joseph-Marie Terray, conseiller du Roy, abbé commandataire des abbayes de Troarn et de Molesme, seigneur de la Motte-Tilly, Béthon et autres lieux, » donna à bail divers fonds sis audit Béthon.

Le 18 février suivant, il avait cessé de vivre ; la

____

[1] Archives du château de Béthon.

mort le saisit brusquement, à Paris, dans sa 62e année ; il fut inhumé dans l'église de la Motte-Tilly, et, comme il avait hérité de son oncle, ses neveux héritèrent de lui.

XVIII

CHARLES-FRANÇOIS, COMTE DU MYRAT[1],
SEIGNEUR DE FONTAINE-BÉTHON

Par son testament, en date du 29 décembre 1776,
l'abbé Terray légua la terre et seigneurie de Béthon
à son neveu, messire Charles-François du Myrat,
colonel de dragons et chevalier de Saint-Louis,
d'une ancienne famille de robe de la Guyenne, et
qui, en sa qualité de colonel, prit le titre de comte,
suivant un usage édicté par Louis XV. Devenu veuf
en 1779 de Marie-Antoinette-Joséphine-Louise Le
Normant de Flaghac, il épousa en secondes noces
Marie-Françoise de Charry des Gouttes, d'une ancienne famille du Bourbonnais.

[1] Du Myrat : de sable au lion d'or, chargé d'un écu sur-
chargé d'un murier de sinople.

Le comte du Myrat résidait ordinairement dans les terres de sa seconde femme ; mais tout en pratiquant l'absentéisme, il n'oubliait pas sa seigneurie de Bé- -thon ; c'était, semble-t-il, un bon seigneur, animé de sentiments humains, généreux et vertueux. Nous avons vu qu'en 1786 le comte et la comtesse du Myrat, furent parrains d'une des cloches de l'église de Saint-Serein ; l'année précédente, ils avaient dé- cerné un prix de vertu à Marguerite Brouillard, la rosière de Béthon ; — ce qui appert d'une quit- tance du 26 mai 1785, par laquelle Edme Dauré, vigneron, demeurant à Béthon, et Marguerite Brouillard, sa femme, reconnaissent « avoir receu de Monsieur le comte et de Madame la comtesse Du- myrat, seigneur et dame dudit Béthon, par les mains de Messire Louis Gérard, prestre, curé dudit lieu, la somme de trois cents livres pour présent fait par lesdits seigneurs et dame, et accordé à ladite Mar- guerite comme ayant été choisie par ledit sieur curé et femmes des principaux habitants dudit Béthon, avec le juge prévost dudit lieu, et jugée la fille la plus méritante tant du côté des mœurs que des peines qu'elle s'est donnée à élever nombre de frères et sœurs et leur avoir servi de seconde mère. » — C'était faire de la fortune le plus noble usage, et s'assurer la seule popularité durable, celle qui est faite de reconnaissance et de respect.

Mais il était écrit que jamais Béthon ne conserverait longtemps le même seigneur ; aux approches de la crise révolutionnaire, le comte du Myrat vendit sa terre et son château ; il dut laisser à Béthon de sincères regrets.

Par bonheur, la personne qui s'en rendit acquéreur avait, elle aussi, ces vertus de noblesse qui rehaussent d'un pur et attrayant éclat l'auréole de la bienfaisance et de la charité.

XIX

MARIE-HENRIETTE BOULARD,
VEUVE DE CHARLES-JEAN-BAPTISTE LE BRUN,
DAME DE FONTAINE-BÉTHON.

La seigneurie de Béthon devenait la propriété de madame Marie-Henriette Boulard, veuve de Charles-Jean-Baptiste Le Brun, secrétaire du Roi, maison et couronne de France, et chevalier de l'ordre du Saint-Sépulcre, tout près des années terribles où la tempête sociale allait détruire au ras du sol le vieil édifice de la féodalité française ; mais des droits féodaux qui allaient lui être ravis, la pieuse châtelaine n'en voulait exercer qu'un, celui de faire le bien, et le parfum de ses vertus lui a survécu, comme une noble récompense posthume.

« Cette dame était très charitable, dit l'abbé Boi-

8*

tel ; son souvenir vit encore dans le cœur des habitants. La porte nord de l'église, par laquelle elle venait assister avec tant de piété aux offices divins, conserve son nom [1]. »

La famille Boulard portait anciennement : de gueules au lion léopardé d'argent, tenant une boule d'or, au chef de même, chargé de deux roses de gueules [2]. Elle porte « de gueules au lion d'argent passant, au chef d'or chargé de deux roses de gueules », en vertu du règlement d'armoiries délivré par le sieur d'Hozier, juge d'armes de la noblesse de France, sur le vu de lettres-patentes d'anoblissement en date du 10 février 1717 [3]. La famille Le Brun, très-ancienne en l'Isle-de-France, porte « de gueules à une fasce d'argent accompagnée de trois coupes couvertes d'or » ; armoiries héréditaires qu'elle a fait enregistrer, en 1698, dans l'Armorial général de France [4].

Madame le Brun, née Boulard, mourut le 1er janvier 1833, et, après elle, son petit-fils en ligne ma-

---

[1] *Recherches*, p. 177.

[2] *Pièces orig.*, t. 446, doss. 10086, p. 2.

[3] *Ibid.*, p. 21.

[4] Cabinet des titres, *Armor. gén.*, Paris, t. II, p. 1251. — Borel d'Hauterive, *Ann. de la noblesse*, 1859, p. 403. — Rietstap, *Armor.*, p. 624.

ternelle, M. Charles-Henri Vanin[1] devint propriétaire de la terre et du château de Béthon.

Conseiller à la cour d'appel de Paris, membre du
conseil général de la Marne, officier de la Légion
d'honneur, M. Vanin jouit pendant sa vie de l'estime et de la considération publiques, qu'il méritait
à tous égards ; son souvenir vit encore dans la contrée. L'honorable magistrat étant décédé sans enfants en 1862, la terre de Béthon fut dévolue, par
voie de succession et d'attribution testamentaire, à
un autre petit-fils de Madame Marie-Henriette Le
Brun, en ligne paternelle, M. Antoine-Henri-Alfred
Le Brun de Neuville, propriétaire actuel.

La terre de Béthon se compose aujourd'hui :

Du château, splendidement restauré par lui ;

Du parc, du chalet et des terres attenantes ;

D'un pressoir dans le village ;

De la ferme et garenne de la Chalmelle ;

Des bois connus sous le nom de Vente Guillé, bois
Séquestré, bois de la Rochelle et de Rochelle-Vil-
bion, qui faisait autrefois partie du fief des Mouches ;

Du bois Michaux ;

Des trois étangs Rochelle, Famine, et Hourat ou
Tourtépée.

---

1 VANIN : Coupé, d'argent à 2 vanets de sable, et d'azur à
un brochet au naturel sur une mer d'argent.

Adossé à de grands bois contigus à la forêt de la Traconne, assis à l'extrémité d'un plateau très-étendu qui sépare la Brie de la Champagne, et d'où la vue embrasse dans un vaste horizon les vallées de la Seine et de l'Aube, le château de Béthon n'est pas seulement une belle et agréable demeure, c'est encore et surtout l'asile de toutes les nobles traditions et des saintes croyances de cette vieille France qui sera encore, si Dieu veut, la France de demain.

Hoc est in votis !

FIN

CHRONOLOGIE

DES

SEIGNEURS DE FONTAINE-BÉTHON

CHRONOLOGIE

DES

SEIGNEURS DE FONTAINE-BÉTHON

Vers 822. — ? Béthon, fidèle de l'empereur Louis Ier.

    1146. — ? Milon, sire de Nogent-sur-Seine.

    1201. — ? Serein de Fontaine, vassal de Thibaut, comte de Champagne.

    1247. — Henri de Fontaine-Béthon, chevalier.

XIVe siècle. — ? Les Sires de Trainel.

Vers 1380. — Pierre d'Arcis, évêque de Troyes.

    1395. — Etienne de Givry, évêque de Troyes.

    1426. — Jean Lesguisé, évêque de Troyes.

Av. 1457. — Jean Marin, Vermonnet et Jean d'Anthenay.

    1457. — Hochon Pigne.

1457. — Jean de Salazar.

1479. — Hector, Lancelot et Galéas ou Galois, fils de Jean, co-seigneurs par indivis.

1481. — Lancelot de Salazar.

1515. — Jacques de Salazar.

1525. — Florimond de Biencourt, époux de Jeanne de Salazar.

1560. — Madeleine de Choiseul-Lanques, veuve de Ferry de Nicey.

Vers 1580. — Ferry de Nicey, fils de Madeleine de Choiseul.

1618. — Etienne de Nicey.

1650. — Claire de Bragelogne, veuve d'Etienne de Nicey. — Louis de Choiseul, époux de Catherine de Nicey.

1660. — Catherine de Nicey, veuve de Louis de Choiseul. — Claude de Choiseul, leur fils.

1671. — Jacques Chesneau.

1697. — Nicolas de Langelerie.

1717. — Madeleine Le Brun, veuve de Nicolas de Langelerie.

1718. — Noël-François de Langelerie.

1738. — Nicolas-Charles de Langelerie et ses sœurs.

1745. — Nicolas-Charles de Langelerie, seul seigneur.

1750. — Charles-Auguste Noguez de la Garde.

1755. — Bleickard-Maximilien-Augustin, comte d'Helmstatt.

1763. — Joseph-Marie, abbé Terray.

1778. — Charles-François, comte du Myrat.

1789. — Marie-Henriette Boulard, veuve de Charles-Jean-Baptiste Le Brun.

———

PIÈCES JUSTIFICATIVES

PIÈCES JUSTIFICATIVES

Nº 1

En 583, 590, etc., le duc Boson, vaillant général des rois
Gontran, Childebert II et Clotaire II. (Dom Bouquet, t. II,
p. 24, 309, 350, 411, etc.) — En 626, Boson, fils d'Audolenus,
ci-dessus nommé. — En 856, Boson, comte du palais de
Charles le Chauve. (L'abbé Lalore, *Cartul. de Montierender*,
p. 133. — *Gall. Christ.*, t. XII, col. 738). — En 876, le comte
Boson fait donation à l'abb. de Montierender. (Bibl. Nat.,
Ms. lat. n. acq. 1251, fº 21). — En 877, Boson, duc et ministre du même prince : «... ad petitionem insignis ducis nos-
trique ministerialis Bosonis. » — (L'abbé Lalore, *ibid.*,
p. 199). — En 886, Boson, adversaire de Charles le Gros :
«... contra Bosonem tyrannum... » (Diplôme impérial, *Gall.
Christ.*, t. XII, p. 310 des *Instrum. Eccl. Nivern.*). — Vers
960, Boson, chevalier, ravage les domaines d'Hildegarde,
veuve de Bouchard de Montmorency : «... miles quidam Bo-

so nomine... « (*Gall. Christ.*, t. XII, col. 127). — En 1050, Boson, souscrit une charte de Fromond, évêque de Troyes. (Lalore, p. 165).

Nº 2

La Fontaine-Aubert, Fontaine-Marie, Fontaine-Richard, Fontaines-Simon (Eure-et-Loir), Fontaine-Aubron (Marne), Fontaine-Bellenger, la Fontaine-Guérard, la Fontaine-Roger (Eure), Fontainebleau (*Fons Bliaudi*), Fontaine Pépin, la Fontaine-Robert (Seine-et-Marne), Fontaine-Emangard (Calvados), Fontaine-Jean (Loiret), Fontaine-Milon (Maine-et-Loire), Fontaine-Soyer (Côte-d'Or), la Fontaine-Thomas (Aisne), Fontaine-Morin (Nièvre), Fontaine-Odon (Cher), Fontaine-Daniel (Mayenne), Fontaine-Raoul (Loir-et-Cher), etc.

Nº 3

Vers l'an 600, *Betto,* père de saint Loup, évêque de Sens, (*Gall. Christ.*, t. XII, ch. 7. — Du Chesne, *Script. Franc.* t. I, p. 562). — De 638 à 656, *Betto,* abbé. (Lettre de Sigebert, roi d'Austrasie. — Dom Bouquet, t. II, p. 434. — *Gall. Christ.* t. XIV, col. 193). — En 725, mort d'un prince du nom de *Betto*. (*Annal. Nazarian.* — Dom Bouquet, *ibid.* p. 640). — En 787, *Betto*, légat de Charlemagne auprès du pape Adrien Ier. (Dom Bouquet, t. V, p. 571 et 576). — En 814, *Betto*, évêque de Langres. — Vers 821, *Betto*, affranchi du servage par le comte Haiman. (*Id.* t. VII, p. 660). — En 856, *Betto*, *missus dominicus.* (*Capitul. Caroli calvi*, cap. XIX. — Dom Bouquet, t. V, p. 625). En 864, *Betto*, abbé, et *Betto*, moine, légat de Charles le Chauve auprès du pape Nicolas le Grand. (*Gall. Christ.*, t. XIII, col, 594. — Dom Bouquet, t. VII, p. 553). — En 870, *Betto*, frère d'Alboin, qui tua par accident Charles, fils de Charles le Chauve. (Dom Bouquet, t. VII, *Annal. de Metz*, p. 198). — En 915, saint Béthon, évêque d'Auxerre. (*Gall. Christ.*, t. XII, c. 280. — Dom Bouquet, t. IX, p. 33, 40, 86). — En 919, *Betto*, échevin de Trèves. (*Caroli Simplicis diplom.*, n° 76. — Dom Bouquet, t. IX, p. 542. — Dom Martène, *Ampl. coll.*, t. IV, col. 148). — En 1116, *Betto* souscrit une charte d'Hugues, évêque de Grenoble. (*Gall. Christ.*, t. XV, c. 83). — En 1151, *Betto*, abbé de Gand. (Dom Bouquet, t. XIV, p. 21. — Bréquigny, t. III, p. 246). — En 1239, Béthon de Croningue. (J. J. de Smet, *Monum. des prov. de Namur*, etc., t. II, part. I, p. 445). — En 1293, *Betto*, archidiacre d'Anvers, vicaire général de Cambrai. *(Ibid.*, p. 805). En 1372, noble homme Béthon de Marcenat, seigneur de Marmesse (en Champagne), chevalier et conseiller du Roi, bailli de Sens et d'Auxerre. (*Ordonn. des Rois*, t. VI, p. 119. — Comme la plupart des prénoms, Béton ou Béthon devint nom patronymique ; on trouve, vers 1099, *Girbertus Betonis*, fieffé du diocèse de Grenoble. (*Gall. Christ.*, t. XV, *ad Instrum.*, col. 81).

No 4 .

Dès l'an 713, le nom de Betton ou Béthon a formé celui de Béthencourt : Dom Bouquet, t. II, *Chronic. Fontanell.*, c. 659 : «...patrimonia duo, id est Offiniacas (Offignies, Somme) et Bettonis curtem (Béthencourt, Somme). — Charte de Charles le Simple, en 920 : « In pago Silvanectense, villam... dictam Bettoncortem. » (Peigné-Delacour, *Cartul. de l'abb. de Morienval*, p. 1). — On trouve, en 1192, Pierre, seigneur de Bétonvilliers. (O. des Murs, *Hist. des comtes du Perche*, p. 494); — au même temps, Bétonville, dont l'église dépend de l'abbaye du Bec. (*Gall. Christ.* t. XI, c. 783); — en 1296, Betencourt (L'abbé Lalore, *Cartul. de l'abb. de Basse-Fontaine*, p. 242), aujourd'hui Bettoncourt, dans la Haute-Marne ; et combien d'autres exemples on pourrait citer :

_ Béthoncourt (Doubs), Béthonsart, Béthonval (Pas-de-Calais), Béthonvilliers (Eure-et-Loir), Béthonvilliers (Belfort), Bétoncourt-les-Brottes, Bétoncourt-les-Ménétriers, Bétoncourt-Saint-Pancras, Bétoncour-sur-Mance (Haute-Saône), Bettoncourt (Vosges), Villebéton, dans la commune du Mée, (Eure-et-Loir). (En 1200, Pierre de Ville-Beton souscrit une charte de Louis, comte de Blois et de Clermont. — Bibl. Nat., Ms. lat. 15439, *Grand Pastoral de Paris*, f° 12). — Courbéton, dans les communes de Saint-Germain-Laval (Seine-et-Marne) et de Villemoyenne (Aude). Vers 1098 : «... Wauterius de Curbitum.... Johannes filius Wauterii de Curbeton. » (Bibl. Nat., Ms. lat. 5444, *Cartul. de S. Vincent du Mans*, p. 125). Vers 1134, « Guillelmus de Curbetun ». (Bibl. Nat., Ms. lat. nouv. acq. 1228, *Cartul. de Larivour*, f°ˢ 3 et 91). En 1170, « Albericus de Curbeto ». *(Ibid.*, f° 14 v°). — Montbéton (Tarn-et-Garonne). — xiᵉ siècle : « Gervasius de Monte Betonis. » *(Cartul. de S. Vincent du Mans*, p. 210 et 215). — En 1225, « Johannes de Montbeton. » (Bibl. Nat. Ms. lat. 9904, *Cartul. d'Igny*, f° 185). — Fontbéton, fief de la famille de Laydet, en Provence, au xviᵉ siècle. (Le P. Anselme, t. VIII, p. 299). — Le bois Béton et la grange Béton, en 1248 et 1380, dans les paroisses de Prugny et de Torvilliers. (Boutiot et Socard, *Dict. topogr. de l'Aube*, p. 19).

N° 5

« Vir inluster fidelis noster Betto, » dit Charles le Chauve. (Dom Bouquet, t. VIII, p. 532, *Diplom. Car. Calvi*, n° 123). Les fonds échangés sont situés « *in pago Aronulensi et Remensi*, » selon le texte de Dom Bouquet : *in pago Arolanensi,* etc., suivant Bréquigny (*Diplom.*, t. I, p. 240 [1]). Il y a certainement eu une erreur de lecture qu'il faut ainsi rectifier : *in pago Aroualensi et Romensi*, c'est-à-dire « dans le pays d'Hérouval[2] et de Roumois. » Le Roumois ou Rommois, sis en Neustrie, non loin de Rouen, entre la Seine, le Lieuvin et le Neubourg[3], tirait son nom de Rhomus, fils d'Allobrox, 17e roi des Gaulois[4]. — D'après le texte fautif, Betton transporte à l'abbé de Saint-Denis des héritages sis « au pays de Reims, *in villa Bomerei curtis et in villa Frigili.* » Or, aucune localité du Rémois ne répond à ces deux noms, tandis qu'ils s'appliquent certainement, le premier à Bouricourt[5] et le second à Fresles [6], qui, au xiie siècle, s'appelait *Frégelles*[7], et que l'abbaye de Saint-Denis possédait en 1157 et en 1209[8].

[1] Cf. Mabillon, *De re diplomat.* p. 531 ; Félibien, *Hist. de l'abb. de S. Denys*, pr. p. 66.

[2] Aujourd'hui hameau de la commune de Montjavoult, arrond. de Beauvais (Oise). L'abbé de S. Denis donne en échange des biens sis dans la ville de Sully (arrond. de Beauvais), *in villa nuncupata Sulis.*

[3] Baudrand, *Dict. géogr.*

[4] Bruzen de la Martinière, *Gr. Dict. géogr.*, t. V, part. I, p. 133, vo *Rouen.*

[5] En la commune de Gancourt, arrond. de Neufchâtel-en-Bray (Seine-Inférieure.)

[6] Même arrondissement.

[7] Potin de la Mairie, *Rech. sur le Bray normand... et sur l'arr. de Neufchâtel*, t. II, p. 44.

[8] *Ibid.* p. 45 ; « En 1157, Hugues d'Amiens, archevêque de Rouen, confirma la possession de Fresles à l'abbaye de S. Denis en France. En 1209, ce monastère y avait un personnat et le patronage de la cure. »

N° 6

Juillet 857.

Charles II, dit le Chauve, roi de France, confirme un échange entre
l'abbaye de Saint-Denis et Betton, homme illustre.

*Pro commutatione, inter Hludowicum abbatem Dyonisianum
et virum illustrem Bettonem, quorumdam prædiorum, in pago
Aronalensi et Remensi.*

In nomine Sanctæ et individuæ Trinitatis, Karolus gratia
Dei Rex. Si enim ea, quæ fideles regni nostri pro eorum
oportunitatibus inter se commutaverunt, nostris confirma-
mus edictis, regiam exercemus consuetudinem. Itaque notum sit omnibus fidelibus sanctæ Dei Ecclesiæ... quia karissimus nobis et propinquus noster Hludowicus, venerabilis
abbas monasterii sancti Dionysii et protonotarius Palatii
nostri, necnon vir inluster fidelis noster Betto, nostram ac-
cedentes ad Celsitüdinem, innotuerunt qualiter quasdam
res et mancipia pro ambarum partium oportunitate inter se
commutassent vel concambiassent. Dedit igitur Bettoni præ-
fatus abba Hludowicus, ex rebus vel mancipiis monasterii
S. Dionysii ad luminaria specialiter pertinentibus... in
pago Aronalense, in villa nuncupata Sulis, mansa quatuor-
decim cum ecclesia, silvis, pratis, terris cultis et incultis, molendinis, aquis aquarumque decursibus, exitibus

et regressibus, mancipiis utriusque sexus, non servitio mancipandis, sed libertate donandis, his nominibus.... eo videlicet modo, ut eadem mancipia, sicut dictum est, ingenua fiant, et ex ceteris rebus libero potiatur arbitrio faciendi. Econtrà vero in recompensatione harum rerum memoratarum dedit prædictus vir inluster Betto, ex rebus a nostra largitione ei concessis, partibus S. Dionysii sive Hludowici venerabilis abbatis vel luminaribus, unde ipsæ res erant quas accepit, in pago Remensi, in villa Bomerei-curtis et in villa Frigili, inter totum mansa XIV et dimidium cum ecclesia, et mancipia utriusque sexus sexaginta, quorum sunt nomina.... , cum vineis, pratis, pascuis, terris cultis et incultis, perviis, adjacentiis, aquis aquarumve decursibus, ex omnibus et omnium rerum summa integritate, sicut nostra magnificentia ei contulit, præfato monasterio jure proprietatis et concambii reddidit, eo videlicet modo ut quicquid ex eisdem rebus pars S. Dionysii jure ecclesiastico facere delegaverit, liberam in omnibus habeat potestatem faciendi. Unde et duas commutationes pari tenore scriptas manibus nobilium virorum roboratas nobis ostenderunt ad religendum... Ut autem hoc concambium firmiorem obtineat vigorem, anulo nostro sigillari jussimus subter. Gislebertus notarius ad vicem Hludowici recognovit et subscripsit. Datum IIII id. Jul. Indict. secunda, anno XVII regnante Karolo gloriosissimo Rege. Actum Vermeria palatio regio in Dei nomine feliciter. Amen.

(Dom Bouquet, *Recueil des hist. des Gaules et de la France*, t. VII, p. 532, *Diplom. Caroli calvi*, n° 123).

No 6

Vers 822.

L'empereur Louis le Débonnaire donne à son fidèle Betton une Celle que l'aïeule et l'oncle de Betton avaient antérieurement remise à l'empereur Charlemagne.

Imperialis Celsitudinis moris est fideliter sibi famulantes donis multiplicibus atque honoribus ingentibus honorare atque sublimare. Proinde nos morem parentum, Regum videlicet prædecessorum nostrorum, sequentes, libuit Celsitudini nostræ fidelem quemdam nostrum, nomine *illum*, de quibusdam rebus proprietatis nostræ honorare, atque in ejus juris potestatem liberalitalis nostræ gratiam conferre : nec immerito : quippe cum et fidelitatis obsequio et obedientiæ devotione hoc apud Serenitatem nostram adipisci dignè meretur, qui totis nisibus usquequaque nostro servitio nostrisque jussionibus fideliter parere studet. Unde noverit experientia atque utilitas omnium fidelium nostrorum tam præsentium quam et futurorum, quia concessimus eidem fideli nostro *illi* in pago *illo* Ecclesiam *illam* quæ est constructa in honore sancti *illius* Confessoris, in territorio *illo*, in loco qui vocatur *ille*, super fluvium *illum*, quam defuncta ejus avia, nomine *illa*, et avunculus nomine *ille* domino et genitori nostro Karolo bonæ memoriæ piissimo Augusto per strumenta chartarum tradiderunt. Hanc itaque Cellulam, cum omnibus ad se pertinentibus vel aspicientibus, vel de ratione ejusdem Cellulæ infrà eumdem pagum *illum*, seu etiam *illum*, sed etiam et *illum* et *illum* [quæ] præsenti tempore nostri juris atque possessionis, non solum proprietatis est, totum et integrum, vel ad effectum, prædicto fideli nostro Bettoni ad proprium per hanc nostræ auctoritatis donationem concedimus, ita videlicet ut quidquid ab hodierno die et tempore de prædicta Cellula, vel de his quæ ad eam pertinent facere voluerit, libero in omnibus potiatur arbitrio faciendi quidquid delegerit. Et ut hæc auctoritas largitionis nostræ per curricula annorum inviolabilem atque inconvulsam obtineat firmitatem, et a fidelibus nostris, tam præsentibus quam et futuris, seu etiam successoribus nostris [et a] fidelibus Sanctæ Dei Ecclesiæ veriùs certiùsque credatur, eam manu propria subter firmavimus.

(Dom Bouquet, *Recueil des hist. des Gaules et de la France*, t. VI, p. 647 ; *Chartæ Ludovici pii imperatoris*, n° 27).

Nº 7

Août 1247.

Henri de Fontaine-Béthon, chevalier, se désiste, en faveur de l'évêque de
Troyes (Henri de Carinthie), de ses prétentions sur une partie de la
dime de Vaulonnière.

Omnibus presentes litteras inspecturis, Nicholaus de Mei-
so, archidiaconus Arceiarum in ecclesia Trecensi, salutem in
Domino. Noverint universi quod cum discordia esset inter
venerabilem patrem N., Dei gratia Trecensem episcopum, ex
una parte, et Henricum de Fonte-Betonis, militem, ex altera,
super eo quod dictus miles quandam partem decime de
Waignoniers quam dictus episcopus tenet saisierat, dicens
quod movebat de feodo suo, dicto episcopo dicente quod
dicta decima movebat ab episcopatu suo et sua erat et diu
fuerat in possessione ejusdem decime, tandem dictus miles,
in nostra presencia constitutus, quitavit spontanea volun-
tate quicquid juris habebat in dicta decima vel in parte aliqua ejusdem decime ratione feodi aut aliqua alia ratione si
aliquod jus habebat aut habere poterat in eadem, et promi-
sit idem miles coram nobis quod in dicta decima, sive in
parte sive in toto, per se vel per alium nichil de cetero re-
clamabit. In cujus rei testimonium presentibus litteris sigil-

lum nostrum duximus apponendum. Actum anno Domini
M° CC°. XL° septimo, mense augusto.

> (Archives de l'Aube, fonds de l'évêché de
> Troyes, G. 558. Original. — Communiqué par
> Mr Francisque André, archiviste départemental).

N° 8

13 Avril 1291.

Les religieuses du Paraclet amodient pour 19 années à Colet de Fontainebeton, fils de défunte Piteuse, une vigne sise à Fontaine-Béthon.

« G., decanus christianitatis de Pontibus super Secanam »,
notifie que « Coletus de Fontebeton, filius condam defuncte
Piteuse », reconnaît avoir reçu des religieuses du Paraclet
« nomine admodiationis usque ad XIX annos continue.... vineam in finagio de Fontebeton... pro II modiis vini rubei
sufficientis ex pura gutta quolibet anno in festo S. Remi-
gii... Actum anno Domini 1290, die veneris ante ramos pal-
marum. »

> (L'abbé Lalore, Coll. des princip. cartul. du
> dioc. de Troyes, tome II, *Cartul. de l'abb. du Pa-*
> *raclet*, p. 265, ch. 302.)

No 9

Les anciens seigneurs d'Arcis étaient les comtes de Mont-
didier et de Roucy, qui, selon le P. Anselme et d'autres hé-
raldistes[1], portaient non d'azur au canton dextre d'or, mais
« d'or au lion d'azur ». Marguerite d'Arcis, dame de Chacenay en 1199, portait sur son sceau un écu chargé de deux
léopards[2]. Le sceau d'Alain de Roucy, en 1243, présente un
burelé au franc-canton dextre[3], ce qui confirme Courtalon ;
d'ailleurs, l'usage où étaient les seigneurs féodaux de prendre les armoiries de leur fief principal, et les puînés de mo-
difier par voie de brisure leur blason de famille, ne permet
guère de tirer quelque déduction probante de la parité des
armoiries.

[1] Palliot, *La vraye science des arm.*, p. 129, no V ; *Armor.*
de Gilles le Bouvier, publ. par Vallet de Viriville, p. 72,
note ; Gaignières, ms. 9173, fo 254 ; Rietstap, p. 900 ; Borel
d'Hauterive, *Annuaire de la nobl.*, 1845, p. 259.

[2] Douet d'Arcq, *Sceaux.* — Cité par M. Alph. Roserot,
Armor. de l'Aube, p. 22 et 23.

[3] *Ibid.*

N° 10

Mars 1431.

Charles VII anoblit Jean Lesguisé, évêque de Troyes, et toute sa famille.

Carolus Dei gratia francorum Rex. Notum facimus universis presentibus et futuris nos humilem supplicacionem nobis pro parte dilecti ac fidelis consiliarii nostri Joannis, Trecensis episcopi, porrectam, continentem quod licet Huetus Lesguisey, pater suus, de nobilium parentum genere extitit procreatus, suamque traxerit originem a nobili domo de Dormano, quæ ab antiquo et tanto tempore quod apud viventes de contrario non extat memoria nobilitatis, fuit insignius decorata, ejusdem tum Hueti progenitor ex simplicitate quadam vel incuria, temporibus qui vitam duxit in humanis uti vel gaudere neglexit privilegiis, francisciis et libertatibus quibus cæteri nobiles nostri comitatus Campaniæ uti et gaudere consueverunt, quibus similiter idem Huetus retroactis uti vel gaudere prætermisit temporibus, tum quod ejus progenitor supradictus sui tempore oblitus in possessione dictæ nobilitatis minime repertus fuerat, licet re vera nobilis et de nobili genere oriundus ac liberæ conditionis existeret, tum etiam quia Guillemeta, ipsius Hueti conjux et dicti nostri consiliarii mater, de genere monetariorum suam traxerit originem, propter quod ejusdem Hueti liberi quicumque de ipsa Guillemeta legitime procreati, secundum privilegia ab antiquo nostri regni monetariis a nobis et nostris prædecessoribus inducta, non tenebantur nec teneri poterant, etiamsi ad bigamiæ statum eos devenire contigisset, ad solvendum nobis vel nostris successoribus juratum, sicut alii burgenses nostri in dicto comitatu Campaniæ solverunt et solvere consueverunt, propter quod non curaverunt eidem conjuges[1] se et suos liberos aliis privilegiis insigniri... Ipse quoque formidet ne propter nimium temporis lapsum ejusdem Hueti, patris sui, antiquæ et non usitata nobilitas, nonnisi cum difficultate permaxima, demonstrari seu probari valeret, in prædicta supplicatione, nobis pro parte sui exhibita, humiliter supplicabat quatenus ejusdem progenitores, fratres et sorores de nostra speciali gratia nobilitare cum suis posteris quibuscumque et in quantum indigent de novo nobiles efficere dignaremur.... Datum Pictaviæ mense martii anno domini M° CCCC° XXX°, regni vero nostri [octavo.]

> (Archives du château de Montgenost, *Généal. des Hennequins*, Ms., f° 95).

N° 11

« Jean Lesguisé, évêque de Troyes, appelle au Pape d'une décision par laquelle Jean de Nanton, archevêque de Sens, avait confirmé un acte aux termes duquel Etienne de Civry,

[1] Le texte porte : non curatus idem conjuges.

évêque de Troyes, prédécesseur dudit Jean Lesguisé, avait affranchi Jean le Boucherat, serf de l'évesché de Troyes, originaire d'Aix-en-Othe, et la postérité dudit Le Boucherat. Jean Lesguisé prétendait faire annuler cet affranchissement comme consenti sans droit par son prédécesseur. En effet, cet affranchissement, accordé gratuitement, avait diminué sans dédommagement le patrimoine de l'église de Troyes. Le préjudice subi par cette église était évalué à mille écus d'or. »

(H. d'Arbois de Jubainville, *Inventaire somm. des Archives de l'Aube*, p. 116, n° 513).

N° 12

Vers 1172, Miles d'Anthenay, appelé aussi Miles du Plessier, tient fiefs à Anthenay, au Plessier, à Igny, Baslieux et Villers-Agron [1].

Des lettres de rémission sont octroyées par Charles V en 1379, et par Charles VI en 1395, à Jean d'Anthenay [2]. Par quittance du 6 juillet 1576, « noble homme Claude d'Anthenay, escuier, seigneur de Nuyey, Villebyon, des Chaizes, de

---

[1] A. Longnon, *Vassaux de Champagne et de Brie*, n°s 1374, 1375.

[2] Archiv. Nat., Trésor des Chartes, reg. 116 et 149.

Frouezat et de la Roche, demeurant audit Nuysy, confesse avoir eu et receu de noble homme maistre Françoys de Vigny, receveur de la ville de Paris, la somme de 25 livres tournois pour demye année escheüe le dernier jour de juin dernier passé, à cause de 50 livres tournois de rente audit Sr de Nuysy transportez par ledit Sr de Vigny, constituez par ladite ville à noble homme maistre Gabriel Lallemant le 13e aoust 1573[1]. » — Aucune personne du nom d'Anthenay n'ayant fait enregistrer ses armoiries en 1696, ni dans les années suivantes, il est certain que cette famille était alors éteinte.

N° 13

De 1377 à 1379, Jehan Marin était, de par le roi, « esleu es diocèses de Mascon et de Chalon sur le faict des aydes pour la guerre ». Son scel représente un homme nu, debout entre deux lions contournés et les lettres I et M, cette dernière surmontée d'une sorte de couronne à l'antique[2]. Des lettres de rémission sont accordées à Jehan Marin en 1377 et en 1389, à Renaud Marin en 1400, à Guillaume Marin en 1409[3]. Le 25 juin 1426, les généraux des finances or-

[1] Bibl. Nat., *Pièces orig.*, t. 75, doss. 1511, p. 2. Orig. parch.
[2] *Ibid.* t. 1856, doss. 42786, p. 2 et 3, orig. parch. — Il ne reste de la légende du scel que ces lettres : «...IOH...IN...»
[3] Trésor des Chartes, reg. 111, 188, 156, 164.

donnent de payer 38 livres tournois à Pierre Marin, écuyer, qui « porta certaines lettres closes et mémoires aux gens du conseil du Roy estans à Thoulouze [1]. » Le 24 juillet de la même année, Jehan Marin figure avec Anthoine du Portail, Pierre Escoffier, Jehan de Saint-Gille, Jehan Lambert, R. Dalmas, Jehan le Corso, Anthoine Martinet, Anthoine Fauchier, etc., dans la « montre de cinquante arbalestriers de la retenue et compaignie de Anthoine Hermentier, escuier, receue à Exodum [2]. » En 1459, Jehan Marin, écuyer, était seigneur de Vaulonnière. — Vers 1499, Jehanne de Rapillard, dame de Montgenost, est veuve dudit Jehan Marin ; ils ont eu un fils, Antoine, seigneur de Montgenost après son père [3], et qui, en 1499, obtient du roi Louis XII des lettres de rémission [4]. En 1615, Louis *des Marins*, chevalier, seigneur de Montgenost et de Villeneuve, est marié avec Anne, fille de Cyrus de Béthune, seigneur de Congy et de Toulon [5], colonel au service de Hollande, tué en duel, en 1611, entre Paris et Bourg-la-Reine, par le baron de Mellay, capitaine aux gardes [6]. Le 8 juillet 1619, Louis Marin vend la terre et seigneurie de Montgenost à Anthoine du Roux, seigneur de Sigy, et Françoise Oyrée, sa femme [7].

[1] *Pièces orig.*, *ibid.*, p. 4, orig. parch.

[2] Issoudun. — Bibl. Nat., *Montres*, t. V, p. 247, orig. parch·

[3] Chartrier du château de Montgenost.

[4] Trésor des Chartes, reg. 234.

[5] Chartrier de Montgenost.

[6] La Chenaye, t. II, p. 432. — Il fait d'Anne de Béthune non la fille, mais la sœur de Cyrus.

[7] Chartrier de Montgenost.

En 1694, Louis Marin ou de Marins, seigneur de Mouille-
ron, lieutenant des gardes-du-corps, brigadier des armées
du Roi, est reçu chevalier de l'Ordre royal et militaire de
Saint-Louis [1].

Nº 14

6 mai 1493.

Jean Marin, écuyer, seigneur de Montgenost, baille à cens le Courtil-
Simon, naguère acquis par lui de M. de Lignières, qui le possédait au
droit de N... de Trainel, sa femme.

A tous ceulx qui ces présentes lettres verront Jehan
Gruyer, bailly de Montmirail et garde de par hault et puissant seigneur Monseigneur le Conte de Roucy du seel et
contreseel de la baillye dudit lieu, salut. Sauoir faisons que
pardeuant Jehan Regnault tabellion et Adam Mairay jurez
et proprement establiz a ce faire en la dicte baillye de par
ledit seigneur, compareut en sa personne Michau Crespin,
charpentier demourant à présent à Villemoienné, et recognut
de sa bonne volenté auoir prins et retenu à tittre de vray
surcens annuel et perpétuel des maintenant a tousiours de
Noble homme Jehan Marin escuier, seigneur de Monginost

1 D'Hozier, *Rec. des membres de l'Ordre de S. Louis*, 1817,
t. I, p. 154.

et de Champeaulx, baillant et délaissant audit tittre pour luy ses hoirs et ayant cause cestassauoir une maison couuerte d'estrain contenant deux bouges auec la court, jardin et aisance, tout contenant enuiron ung arpant séant aux Roizes nommé d'enciennetté le courtil Simon, tenant à la ruelle le garost d'une part du costé deuers Moncourot, d'autre costé à Guillaume Crespin et à Person Crespin son fils, aboutissant par le bout d'embas au grant chemin alant desdis Roizes audit Moncourot et par le bout d'en hault à certaines terres appartenans audit bailleur à cause de son fief assis audit Moncourot, appartenant icellui héritaige audit bailleur à cause d'acquest par luy fait de Monsieur de Lignières à cause de sa femme héritière seulle et pour le tout de feu Monsieur de Treignel, en son vivant seigneur de Champeaulx, pour en joyr par ledit preneur ses hoirs et ayans cause a tousiours. Ceste presente prinse faicte moiennant et parmy le pris et somme de cinq solz tournois de surcens que ledit preneur ses dis hoirs et ayans cause en est et seront tenuz d'en rendre et payer par chascun an à tousiours audit Seigneur bailleur, à ses dis hoirs et ayans cause. En est et seront tenuz d'en rendre et payer par chascun an à tousiours audit Seigneur bailleur à ses dis hoirs et ayans cause au jour et terme de feste saint Martin diuer. Premier terme et payement commançant audit jour prochain venant et ainsi en continuant d'an en an et de terme en terme apres. Sera auec ce tenu ledit preneur et ses dis hoirs de soustenir maintenir et tellement faire valoir ledit héritaige que ledit surcens y puisse estre prins et leué par chascun an a tousiours audit jour. Seront auec ce tenuz de payer et acquitter les charges dessusdites comme dit est, ensemble les cens et redevences que puet deuoir ledit héritaige sans pour ce riens diminuer dudit surcens si comme ledit preneur disoit Promettant par sa foy pour ce jurée corporellement ès mains des dis jurez, soubs l'obligacion de tous ses biens et des biens de ses hoirs meubles et héritaiges présens et aduenir que pour ce il en a soubzmis à toutes justices, tenir, entretenir, paier, entériner et accomplir le contenu cy dessus sur peine de rendre et paier tous coustz et dommaiges qui s'en pourroient ensuir, renonçant à toutes choses généralement quelconques à ces lettres contraires. En tesmoing de ce, nous, par les rapport et seings manuelz des dis jurez, auons mis à ces lettres le seel et contreseel de ladicte baillye sauf tous droiz. Ce fut fait le sixiesme jour de may l'an mil CCCC quatre vings et treize.

REGNAULD.

MAIRAY.

(Bibl. Nat., Cab. des titres, *Pièces orig.*, tome 1857, doss. 42786, p. 5, orig. par. Sceau (absent) sur double queue de parch.).

N° 15

Sur la famille de Rapillard j'ai recueilli ces notes : vers 1365, lettres de rémission octroyées par Charles V à Wermond de Chailly et Regnaud de Rapillars (*Trés. des chart.*, reg. 101); — en 1493, Simon Rapillart, écuyer, demeurant à Baudement (*Pièces Orig.*, t. 2435, doss. 54717, p. 2 et 3); — en 1525, Jean Rapillard, à qui François Ier accorde des lettres de rémission (*Trésor des ch.*, reg. non coté, ann. 1525-1526); — en 1569, Jacques de Rapillart, seigneur de la Mothe, l'un des cent gentilshommes de la maison du Roi (*Pièces Orig.*, *ibid.*, p. 4.)

No 16

28 juillet 1457.

Hochon Pigne fait donation de la terre et seigneurie de Fontaine-Béthon à Jean de Salazar et à Marguerite de la Trémoille, sa femme.

A tous ceux qui ces présentes lettres verront, Vincent le Tourier, escuier, garde des sceaux du Baillage de Sainct-Just en langle de par noble et puissant seigneur Louis, seigneur de la Tremoille et dudit Sainct-Just, Salut. Scavoir faisons que par devant Nous, Pierre Thomas, notaire juré et estably à ce faire audit baillage de par ledict Sieur, fut présent en sa personne pour cette chose faire et especiallement Noble homme Hochons Pigne, demeurant audict Saint-Just, et reconnut de sa bonne volonté, sans force ou contrainte aucune, que tant pour la bonne et vraye amour qu'il avoit et disoit avoir à noble homme Jehan de Sallezard, escuier d'es-

curie du Roy nostre Sire, son cousin, et damoiselle Marguerite
de la Tremoille, sa femme, demeurant audit Sainct-Just, seigneur et dame de Marcilly-sur-Seyne, comme pour certaines
autres causes justes et raisonnables, si comme il disoit, et
iceluy reconnoissant, pour ce, avoir donné et donner par ces
présentes, par pur, vray et loyal don irrévocable faict entre
vifz ausdicts mariez, pour eux, leurs hoirs et ayans cause,
les seigneuries, terres, cens, rentes, revenus, prez, bois de
Fontainebeton, et autres héritages qui y appendent et appar-
tiennent, par iceluy reconnoissant naguères acheptées et ac-
quistes de Noble persoune Jehan Marin, Vermonnet d'Anthenay et Jehan d'Anthenay, escuier, comme bien à plain est
contenu et spéciffié et déclaré ès lettres du dict achapt sur
ce faictes et passées sous les sceaux de la prévosté de Pro-
vins, données en datte du vingt-deuxiesme jour du mois de
juillet l'an présent mil quatre cens cinquante sept, parmy
lesquelles ces présentes sont jusichées de laquelle seigneurie,
terre, cens, rentes, revenus. A scavoir cent-dix arpens de
bois en deux pièces appelées la vente Guillet et Sequestres,
le fief de Mortery, contenant soixante arpens de bois, deux
cent quarante journels de terre, un estang, la terre et seigneurie de Vaugonnière, plusieurs autres terres en plain ap-
partenantz à ladicte seigneurie qui servent de pasturage aux
habitans de Fontaine-Beton et Vaugnonnières aux charges que
chacunz habitant demeurera en ladicte terre et seigneurie de
Fontaine-Bethon et Vaulonnière. Pareillement la pièce de
terre de 150 journels appelée la pièce noble, qui tient aux
terres et seigneuries de Chantemerle, Pré Ausdoycr, Tron-

chot, deux pressoirs bannaux audict Béthon, un à Vaugonnières, droict de boucherye, boullangerie, gourmetage, droic[t]
de feu, une pièce de pré contenant huict fauchées attenant
la pièce noble de 150 journels de terre, et autres héritaiges
appartenans et appendans et sur ladicte seigneurie, comme
il est plus longuement escript ès dictes lettres d'achapt en
général, et sans rien retenir ny réserver de tout ce quoi celuy reconnoissant avoit et pouvoit achepter et acquester des-
dicts Simon Marin, Vermonnet et d'Anthenay[1], mentionné ès
dictes lettres d'achapt et de la saisine et propriété, fonds,
droicts et possessions d'icelle seigneurie ou appartenances,
iceluy reconnoissant se devesty et desaisy à plain, et tant
par le bail de ces présentes lettres comme autrement, par la
meilleure forme et manière que faire se povoit, et par ce en
revesty, saisy et met en saisie et possession lesdicts mariez
pour estre propres héritaiges d'eux et de leurs dicts hoirs et
ayans cause à toujours perpétuellement, promettant iceluy
reconnoissant par sa foy pour [ce] donnée corporellement ès
mains de nous, garde dessus nommé, et dudict nottaire,
sous l'obligation de tous ses biens et des biens de ses héritiers, meubles et non meubles, présens et advenir, lesquels,
quand ad ce, il a soumis et obligez à toutes jurisdictions
quelconques, pour estre contrainct à tenir et avoir pour
agréable, ferme et stable à toujours ce présent don, sans jamais venir contre, et ce sur peine de tous cousts, despens,
intérests et dommages rendre et poyer et restituer auxdicts

1 *Sic.* Il faut lire : « Jehan Marin, Vermonnet et Jehan
d'Anthenay. »

mariez et leurs dicts hoirs et ayans cause, ou au porteur de ces lettres, renoncians en tout ce fait iceluy reconnoissant à tous us et coutumes de pays et tout retour de chastellenie et de prévosté, à tout remède d'appel, à touttes exceptions, séducions, inducions, fraudes, barres, cautelles et cavillations quelconques, à la dispensacion de son serment, et généralement à toutes autres choses quelconques que l'on pourra dire ou proposer contre ces lettres ou leur teneur, mesmement au droit disant généralle renonciation non valloir. En temoing de ce nous avons scellé ces présentes lettres du scel et contre-scel dudict bailliage avec les signets et seings manuels de nous et iceluy nottaire. Ce fut faict audict Sainct-Just le 28e jour dudit mois de juillet l'an dessusdict mil quatre cens cinquante sept. Signé Tourier et Thomas.

> (Archives du château de Béthon. Cop. du xviiie siècle sur feuille au timbre de la Généralité de Paris. En marge : « Béthon, cotte unziesme, pièce 2e et dern., 3e carton. »

No 17

Les armes de Salazar, en Espagne, étaient « de gueules à 13 étoiles d'argent, rangées en 3 pals, 4-5-4 ; » telles les portait en 1475 Pierro de Salozart, seigneur de Portugalet, conseiller et chambellan du Roi, présumé frère de Jean de Salazar. Cet écu se trouve quelquefois bordé d'azur à 7 châteaux d'or. (*Pièces orig.*, t. 2610, p. 81, 96, 314.) Jean de Salazar adopta en France ces armoiries : « Ecartelé, aux 1 et 4, de gueules à 5 étoiles, à 6 rais en sautoir d'or ; aux 2 et 3, d'or à 5 panelles (feuilles de peuplier) de sable. » Elles étaient ainsi figurées sur son tombeau. (*Ibid.*, fos 282 et 302.) Tristan, son fils, portait aux 1 et 4, comme ci-dessus ; aux 2 et 3, « une aigle acc. de 4 pas d'asne aux 4 coins.» (*Pièces, Orig.*, fo 303.) Les panelles ont été évidemment prises pour des pas d'âne ; il y a, en effet, quelque ressemblance. Lancelot de Salazar, seigneur de Béthon, petit-fils de Jean, portait comme lui, avec un écu chargé d'une aigle et posé en abime. (Eglise de Béthon.) M. Alph. Roserot (p. 141) donne aux « Sallezard seigneurs de Chacenay, » d'après Coutant (*Hist. de Bar-sur-Seine*), un « coupé d'argent et de sable à une bande engrêlée de l'un en l'autre. » Ce doit être une erreur de l'historien de Bar.

No 18

26 septembre 1481.

Partage, — entre nobles personnes Hector de Sallazart, Lancelot de Sallazart et Gallois de Sallazart, frères, enfans de défunts nobles personnes Messire Jean de Sallazart, chevalier, et de Dame Marguerite de la Trémoille, sa femme, vivants seigneur et Dame de Saint-Just-en-Langle, Marcilly-sur-Seine, Beton, Potangy et Woguonières, et de plusieurs autres lieux, — des seigneuries, héritages, cens, rentes et revenus situés et assis en Champagne, à eux échus par le décès de leurs dits défunte père et mère; par lequel partage est échu aux dits Hector et Gallois la terre et seigneurie de Saint-Just avec toute justice, haute, moyenne et basse : *audit Lancelot est échu les terres et seigneuries de Marcilly, Fontaine-Beton, Potangy et Woguonières*, leurs appartenances et dépendances, de même qu'elles avoient été possédées par leurs dits déf. père et mère, pour être propre audit Lancelot, à ses hoirs et ayans cause perpétuellement. Cet acte passé devant Jehan Peluel, prêtre, et Jean Bazin, clerc, notaires jurés en la prévôté de Méry-sur Seine.

(Cop. coll. du 30 mai 1488, Archives du marquis de Blanchefort. — *Pièces orig.*, t. 2610, p. 93).

Nᵒ 19

3 avril 1561.

Florimond de Biencourt, chevalier, seigneur de Poutraincourt, et Jeanne de Salazar, sa femme, vendent à Madeleine de Choiseul, veuve de Ferry de Nicey, la seigneurie de Fontaine-Béthon.

A tous ceulx qui ces présentes lectres verront, Françoys Mauroy, escuier, licentié es droictz, Prevost de Troyes et Garde du scel aux contractz de ladicte prevosté, salut. Scavoir faisons que par devant Anthoine Buchier et Claude de Pennez, notaires du Roy nostre Sire es bailliage et prevosté dudict Troyes, fut present en sa personne noble et puissant seigneur messire Floremont de Briencourt, chevalier, seigneur de Poutraincourt et de Sainct Maulvitz, conseiller maistre d'hostel ordinaire du Roy, demourant audict Sainct Maulvitz, en son nom et comme procureur de noble et puissante dame Dame Jehanne de Sallezard, sa femme, fondé d'icelle par lectres de procuration specialle au caz, faictes et passées soubz le scel de la baillye d'Amyens, dactées du sixiesme jour de juing mil cinq cens soixante, desquelles il a faict apparoir et cy après insérées. Lequel a recongnut esdictz noms avoir vendu, ceddé et transporté et par ces présentes vend cedde et transporte dès maintenant à tousiours perpétuellement à Damoiselle Magdelaine de Choiseul, vefve de feu noble seigneur Ferry de Nicey, en son vivant seigneur dudict lieu, Romilly et Courgivost, et gouverneur de Coiffy, demourant audict Nicey, à ce présente, acheptant et acquerant pour elle, ses hoirs et ayans cause, les terres et seignouryes de Fontaines de Beton et Vauguonnières et la Tormentrasse, assizes en Champaigne ou ressort du bailliage de (*en blanc.*) Lesdictes seignouryes consistans en justice haulte, moienne et basse, boys, molins, terres, prez, rentes, censives et aultres droictz quelzconques y appartenans et deppendans cy tenuz comme sy expressement et par le menu estoyent speciffiez et declairez sans aulcune chose en exepter ne reserver, tenues et mouvanz noblement en pleine foy et houmaige du seigneur de Montgenault. Toutes foiz ledict seigneur vendeur a déclairé n'estre certain sy lesdictes Vaugonnière et Tormentrasse sont de la mouvance dudict seigneur de Montgenault ou d'aultre. Desquelles seignouryes ledict vendeur esdicts noms s'est dessaisy et desvestu, et en a saisy et vestu ladicte achepteresse par l'octroy de ces presentes en la meilleur forme que faire l'a peu, consentant que en son absence elle ou son procureur en puisse prandre plus ample saisye et possession. Et fut faicte ceste presente vendue pour et parmy le pris et somme de unze mil livres tournois, dont en a esté payé contant la somme de six mille livres tournois en escus soleil, escuz pistoletz, nobles, rozes, angelotz, ducatz, doubles ducatz et testons, ez presences desdictz notaires.... Sensuict la teneur desdictes lectres de procuration.... Par devant Jehan Roussel et Nicole Vaucquoy, notaires commis de par le Roy nostre sire en ladicte prevosté (de Vimeu,) est comparu en sa personne noble et puissante dame Madame Jehanne de Sullazard, femme de noble et puissant seigneur messire Floremond de Biencourt, chevalier, seigneur de Poutraincourt, conseiller maistre d'hostel ordinaire du Roy, demourant à Sainct Maulvitz, laquelle... a volontairement recongnu qu'elle avoit faict nommé et estably ses procureurs généraulx et certains messagers especiaulx ledict seigneur son mary (*blanc*) ausquelz... elle a donné plain povoir, puissance, auctorité et mandement espécial, absolut et irrévocable, de vendre, cedder et transporter affin d'héritage... la seignourye de Fontaine Bethon et Vauguonnières, assize au pays de Champaigne, tenue et mouvant noblement en plaine foy et hommage du seigneur de (*en blanc*).... Ce fut faict le jeudi absolut troisiesme jour d'avril cinq cens soixante avant Pasques,

(Au dos, quittances de diverses sommes au profit de « noble et puissante damoiselle Magdaleine de Choiseul, refve de feu Noble et puissant seigneur Messire Ferry de Nycey, seigneur dudict lieu, achepteresse de la seigneurie de Fontayne Beton, Vaugonières et la Tourmentrasse. »)

(Archives du château de Béthon, orig. parch.)

Nº 20

Inscription de la grosse cloche de l'église de Saint-Sercin de Béthon.

L'an 1786, J'ai été bénite par M. Louis Gerard, curé de cette paroisse, et nommée Marie Françoise, par haut et puissant seigneur Charles François, Comte du Myrat, et haute et puissante dame Marie Françoise de Charry Desgouttes, Comtesse du Myrat, son épouse, seigneur et dame de Bethon et autres lieux.

N° 21

1er octobre 1741.

Délibération de l'assemblée générale des habitants de Béthon sur les réparations à faire à leur église.

Ce jour d'huy dimanche 1er jour d'octobre 1741, au sortir de la messe paroissiale de Fontaine-Béthon, au devant de la principale porte de l'église, les habitans dudit lieu de Béthon assemblés au son de la cloche, par devant moy Pierre Guerou, notaire royal au bailliage de Sezanne et chastellenie de Chantemerle, et les témoins cy après nomez et soussignez, Est comparu Estienne Le Clerc, procureur sindic desdis habitans, lequel a dit qu'il les a fait convoquer en assemblée à l'effet de les faire ressouvenir de nouveau que le bastiment de leur église et celuy du clocher mena- cent une ruine prochaine et qu'il est absolument nécessaire d'y remédier promptement, attendu la saison instante de l'hiver. Desquels habitans sont comparus Robert Mignot, Nicolas Mougin, Jacques Gombaut, Charles Lenfant, Edme Dusollier, Pierre Dusollier, Louis François, Quentin Mougin, Nicolas François, Jacques Gombault le jeune, Jean Méline, Jean Carré, André Mounard, Nicolas Miron, Edme Mauvois, Edme Lasue, Louis Mollot, Jean Bourier, Edme Montagne, Pierre Bourier, Jacques Forge, Pierre Barbe, Jean Forge,

François Hervey, Jean Dufour, Pierre du Four, Fiacre Méline, Jacques Bourier, Charles Rivet, qui ont déclaré qu'ilz
n'ignorent pas le mauvois etat des bastimens de leur église,
mais qu'ilz ne se trouvent pas à beaucoup près en scitua-
tion d'y remédier, puisqu'ilz sont si pauvres qu'à peine
peuvent-ils avoir du pain depuis trois années qu'ilz ne font
de récolte de leurs vignes, qui est cependant la seule res-
source qu'ils ont. Dans ces circonstances et pour un motif
aussi pressant, lesdits habitans ont préjugé que le quart en
réserve de leur bois communier estant âgé de plus de quarante ans, le prix du bois qui en proviendroit pourroit servir au restablissement tant de leur église que du presbitoire
dudit lieu, s'il plaisoit à Sa Majesté leur accorder la permission d'en faire faire la vente. Pour quoy et à l'effet de par-
venir à leurs intentions, ils donnent charge audit sindicq et
à *(en blano)*, particuliers habitant dudit lieu, de faire toutes
les diligences nécessaires en pareil cas, donner requeste au
nom de leur communauté au Roy en son conseil et partout
où besoin sera, pour obtenir la permission de vendre et
coupper le bois dudit quart en réserve de leur communauté
pour le prix en provenant estre employé aux dites réparations, et généralement faire par les ditz susnommez tout ce
qu'au dit cas appartiendra, promettant les avouer et ratifier
tous les actes qu'ilz pourront faire, en leur remboursant
tous les frais que de raison. De laquelle remonstrance et
délibération cy dessus, moy, ledit notaire, ay donné acte aux
dits sindicq et habitans pour servir et valoir ce que de raison, les jours et an susdits, en présence de sieur Jacques

Hemard, laboureur, et de Pierre Gouille marchand, demeurant tous deux aux Essardz, témoins, qui ont signé avec
moy notaire, et partie desdits habitans, et quand aux autres, ont déclaré ne savoir signer, de ce interpellés.

Signé : « P. Dusollier, Edme Lasne, Jean Gombault,
L. Mollot, N. François, Gombault, Pierre Barbe, J. Beaurier,
J. Méline, J. Gombault, C. Lanfant, E. Mauvais, Dusollier,
Forge, Montagne, Edme Dusollier, J. Forge, André Monnard,
L. François, Hemard, tesmoins, Goüille, tem., Guerou. »

(Titres de famille, orig: pap.)

N° 22

Louis de Choiseul et Catherine de Nicey, seigneur et dame de Béthon,
font une donation à l'église de St Serein à charge de prières.

Hault et puissant seigneur messire Louis de Choiseul,
chevalier, marquis de Francière, baillif et gouverneur pour
le Roy de la ville de Langres, mareschal des camps et armées de Sa Majesté, seigneur d'Hirouet, baron de Meu-
fuy, Fontaine Bethon, Vaugnonnières et autres lieux, et
haulte et puissante Dame Catherine de Nicey, son espouze
authorisée dudit Seigneur, estant de présent au dict lieu de
Fontaine Bethon, délaissent par pur et loyal donnation irrévocable, a sçavoir a l'église Monsieur Sainct Serain de Be-
thou, la somme de *quarante* soulz tournois de rente foncière

annuelle et perpétuelle faizant partye de cent soulz, et le reste d'icelle au sieur curé du dict Bethon, la dicte rente au dict Seigneur et Dame deubz par chacun an le jour de feste Sainct Martin d'hivert par Srs Louis Duthouin et Claude Bourneau, vignerons, demeurant à Fontaine Bethon, a cause et par le moyen du bail a rente a eux faict par les dicts Seigneur et Dame ; à la charge par le dict curé de dire et de célébrer un *Libera me Domine*, avec un *de proffundis*, en l'église du dict Bethon au devant du Grand hostel tous les dimanches a perpétuité pour le repos des âmes de deffunctz Messire Estienne de Nicey et dame Clere de Bargelongue, son espouze, vivants seigneur et dame du dict Bethon et autres lieux, comme aussi à l'intention des dictz seigneur et dame donateurs après leur décedz. Les débiteurs payeront à la dicte église quarante soulz et au sieur curé trois livres tournois. » — Signé : Francières, C. de Nicey, F. Prevost, pbre.

(Titres de famille, orig. pap.)

Nº 23

11 Avril 1711.

Testament de Jacques Chesneau, ci-devant seigneur de Fontaine-Béthon.

« *In nomine Domini, amen !* Fut présent Jacques Chesneau, gentilhomme de la fauconnerie du Roy, demeurant à Béthon, gisant au lit, malade, lequel voulant prévenir l'heure certaine de la mort, recommande son âme à Dieu quand elle partira de son corps ; veut que ses dettes soient payées et les torts par luy faits réparés par son exécuteur testamentaire. Il veut dix prestres à son convoi, sans comprendre le S^r curé, auquel il sera payé à chaque vingt sols pour leur rétribution ; il veut qu'il soit fourny quinze livres de luminaires ; il veut dix messes, le jour ou le lendemain de son convoy, pour le repos de son âme ; un service à trois messes hautes au quarantain et de même au bout de l'an, avec les lumières qu'il plaira à son exécuteur testamentaire.

Il lègue à l'église et fabrique St Serain dudit Bethon la somme de (*en blanc*) livres de rente annuelle à prendre sur une pièce de bois appelée le Bois Vilbion et deux arpents de vigne, à la charge de faire dire et célébrer à perpétuité pour le repos de son âme, dans ladite église, quatre messes hautes de *Requiem* par chaque an ; veut estre enterré dans l'église de Bethon à l'endroit où il plaira à M. le Curé dudit lieu.

Nomme pour son exécuteur testamentaire Pantaléon Denizard, procureur en la justice de Bethon ;

Lègue à son valet et à Jeanne, sa servante, chacun trois livres une fois payées. »

(Titres de famille, min. orig. pap.).

No 24

Nicolas de Langelerie fit enregistrer ses armoiries en 1696 [1]; elles sont différentes de celles que d'Hozier attribue à « Guillaume de Langelerie, substitut du procureur du Roy au bailliage de Ribemont », ainsi qu'à « Françoise de Langelerie, veuve de Nicolas Joseph, receveur des comptes à Ribemont [2]. » — Jehannin de Langelerie, chevalier de Bretagne, en 1327, munit un acte de son sceau, dont il n'est malheureusement resté qu'un fragment, portant le muffle d'un léopard, qui probablement était en support [3]. En 1470, Laumer de Langelerie est abbé de Ribemont [4], et ce fut probablement lui qui attira de Bretagne en cette ville des membres de sa famille, représentée encore à Ribemont au xviiie siècle.

No 25

Noël-François de Langelerie, seigneur de Fontaine Bethon

[1] *Armor. général*, Paris, t. III, p. 413. Il est appelé N... de Langellery, procureur en parlement.

[2] *Ibid.*, Soissons, p. 138, et Paris, *ibid.*

[3] Bibl. Nat., Ms. lat. 22319, *Extr. de Bretagne*, p. 144.

[4] *Gall. Christ.*, t. IX, col. 619, où il est appelé L. de Langelière, traduction fautive de *Launomarus de Langeleria*.

et de Volomier, auditeur ordinaire en la chambre des comptes de Paris, reçu en cette charge le 24 mai 1702, mourut le 23 mars 1738 d'une fluxion de poitrine, en cinq jours de maladie, âgé de 64 ans. Il laisse un fils et trois filles dont les deux aînées sont mariées.

(Mercure de France, avril 1738).

N° 26

14 Avril 1765.

L'abbé Terray, seigneur de Béthon, supprime le moulin-à-vent banal de la seigneurie.

Ce jour d'huy dimanche 14 avril issue de vespre 1765, à l'endroit ordinaire à tenir les assemblées au village de Fontaine-Béthon, par devant moy Pierre Guerou, notaire royal héréditaire au bailliage, prevosté et chastellenie de Chantemerle, résidant audit Bethon, et en présence des témoins cy après nommez soussignés, Sont comparus les habitans dudit Fontaine-Bethon par Jean Bourrier [1], leur procureur sindicq, Edme Mouvois [2] le jeune, Nicolas Miron, Louis Henrion, Jacques Dufour, George Fuzeau, Charles Méline, Claude Lasne, Estienne le Clere, Jean Bur-

[1] Ou Bonnier.
[2] Ou Monnois.

tel, Nicolas Mouvois, Pierre Thierry, Hubert Raoul, Estienne Dusollier, Pierre Barbe, Fiacre Mauron, Nicolas Gorneau, Louis Mollot, Claude Dusollier, Nicolas Briar, Louis Brouilleron le jeune, Claude Henry, Louis le Cointre, Pierre Dusollier le jeune, Estienne Guérin, Jacques Metrot, Jean-Pierre Barbe, Jean Barra, André Delosne, Jean-Baptiste Miran, Jean Méline l'aîné, Jean Méline le jeune, Charles Méline, Jacques Bourier, Edme Montagne, Louis François, Pierre-Edme Montagne, Jean-Baptiste Monnard, tous representans la plus grande et seine partye de leur communauté, lesquelz ont déclaré que, dès l'année 1763, ils ont suplié et requis Monsieur l'abbé Terray, conseiller de grande chambre au Parlement de Paris, seigneur dudit Bethon, de vouloir bien les affranchir du droit de banalité du moulin à vent de sa dite seigneurie, qui leur a esté, aussy bien qu'à leurs prédécesseurs dans tous les temps, très-onéreux et préjudiciable, et luy ont proposé pour indemnité dudit droit de luy abandonner la propriété de huit arpens de bois taillis, faisant partie de ceux de leur communauté, et avec ce, une pièce de douze arpens de leurs brossailles, ce qui est consigné dans un acte de leur délibération du 26 juin de ladite année 1763 ; sur laquelle proposition ledit seigneur de Bethon leur auroit répondu qu'il estoit disposé d'accepter leurs offres et de les affranchir et descharger du droit de banalité dudit moulin à vent, mais que cela ne pourroit se faire qu'avec l'agréement et l'authorization du Roy ; et comme ledit seigneur et lesdits habitans se sont pourveus au Conseil de Sa Majesté, ils y ont obtenu arrest, le 19 février dernier, qui authorize lesdits habitans à faire abandon audit seigneur desdits huit arpens de bois et de douze arpens de brossailles, au moyen de quoy ils demeureront affranchys du droit de bannalité dudit moulin à vent.

C'est en conséquence dudit arrest du Conseil d'Estat dudit jour 19 février dernier que lesdits habitans comparants ont volontairement déclaré qu'ilz ceddent, quittent, transportent, abandonnent par ces présentes à mon dit seigneur l'abbé Terray, seigneur de Bethon, absent, stipulant et acceptant par sieur Jean-Baptiste François Houllier, marchand, demeurant à Villenauxe, à ce présent, fondé de son pouvoir ainsy qu'il a dit, lesdits huit arpens de bois taillis à la mesure de vingt pieds par perche et de cent perches par arpent, scituez sur le terrain dudit Bethon, dependans de leur communauté..., et encore douze arpens de brossailles de la même mesure... suivant le mesurage qui en sera fait aux frais dudit seigneur. Pour par luy, ses héritiers ou ayans cause, acceptant par ledit sieur Houllier, jouir tant en fond que superficie desdites deux pièces de bois et de brossailles, et en faire et disposer comme de son propre bien et loyal acquest de ce jourd'huy à toujours... Cette session faite ainsy moyennant que ledit seigneur de Bethon, comparant par ledit sieur Houllier, a quitté, quitte et descharge lesdits habitans et communauté de Bethon, dès à présent et à toujours, du droit de banalité dudit moulin-à-vent, les en a affranchis et a promis de ne jamais inquiéter lesdits habitans et communauté pour raison d'iceluy, à peine de dommages-interests, lesquelz habitans pourront faire moudre leurs grains à telz moulins que bon leur semblera. Et pour satisfaire à l'Edit des controlles, les deux pièces de bois [et] brossailles cy dessus ceddées ont esté estimées tant en fondz que superficie la somme de 1960 livres. Seront les droits du présent acte aux frais dudit seigneur, qui en fournira une expédition aux dits habitans. Dont et de ce que dessus les partyes se sont tenues contentes... Fait et passé les an et jour susdits, et a ledit sieur Houllier signé avec ledit syndiq et partie desdits habitans, et quant aux autres ils ont déclaré ne scavoir signer, de ce interpellez, le tout, présence de Me Antoine Bouchard, procureur au bailliage de Chantemerle, demeurant à Villenauxe, estant ce jour à Béthon, et de Pierre François Oudin, recteur d'école demeurant audit Bethon, témoins appelez, qui ont signé avec moy notaire.

Signé : Ch. Meline, L. Mollot, J. Meline, Houllier, Montagne J. Beaurier, P. Barbe, Fuseau, Gorneau, Claude Lasne, Mirand, E. Le Claire, Louis le Cointre, Burtel, Dusollier, A. Monnard, Claude Dusollier, Edme Dusollier, Jean Baurier, Bouchard, Oudin, Guerou.

(Titres de famille, min. orig. pap.)

Nᵒ 27

Versailles, 22 novembre 1704.

Arrêt du Conseil du Roi (Louis XIV) relatif aux bois communaux et au presbytère de Fontaine-Béthon.

Sur la requête présentée au Roy en son Conseil par les habitans et la communauté de Fontaine-Bethon en Champagne, contenant que la disette de 1693 les ayant forcé de ruiner leurs bois communaux pour les ayder à subsister, ils auroient pour raison de ces delits été condamnez par le Sʳ de Bruillevert, grand maistre, à une amande de 150 l. pour le payement de laquelle ils étoient poursuivis, qu'outre cela on leur demandoit 180 l. pour droits d'amortissements et de nouveaux acquets à cause de ces mêmes bois, et d'un autre costé, le curé de leur paroisse les poursuivoit pour les obliger à réparer le presbitère ; que l'impossibilité dans laquelle ils étoient de subvenir au payement de toutes ces sommes les auroit engagé de presenter requête à Mʳ de la Faluere, grand maistre pour obtenir de luy la permission de receper leurs bois.... pour les deniers en provenans estre employez au payement tant des amandes... qu'aux réparations du presbitère, lesquelles, par une délibération desd. habitans, auroient esté estimées pouvoir monter à la somme de 180 l. ou environ. Veu lad. requête... Deux deliberations deedits habitans par lesquelles ils se reconnoissent tenus des repa-

rations du presbitère et s'obligent de les faire faire ; par la
dernière desquelles ces reparations sont estimées à 180 l. ;
pour fournir laquelle somme, les habitans s'obligent de
payer, sçavoir les ménages entiers 46 s. et les demy ménages
23 s.... Le Roy en son conseil a ordonné... que... il sera
dressé procès-verbal des reparations à faire au presbitère de
la paroisse de Bethon dont les supplians peuvent estre tenus.:...

Signé : PHELYPEAUX, DE BEAUVILLIER, DESMARETZ.

CHAMILLART.

(Archives Nationales, section administrative,
cote E. 750, Nº 142.)

Nº 28

Acre, mai 1240.

Henri de Fontaine-Beton, et autres chevaliers de Champagne, étant à la
croisade, font un emprunt à des marchands génois sous la garantie de
Thibault, roi de Navarre, comte de Champagne et de Brie. [1]

Universis prosentes litteras inspecturis notum sit quod
nos HENRICUS DE FONTEBETON, Renaudus de Marchievilla, mi-

[1] Je n'ai découvert ce précieux titre, — qui ajoute un
rayon de gloire aux annales de Béthon, — que lorsque ce
livre était presque entièrement imprimé.

lites, Johannes de Curia, Harmandus de Molneto et Girardus de Sancto Benedicto, armigeri, mutuo recepimus in solidum a Lazaro Dovinello et ejus sociis, januensibus mercatoribus, centum et octogintas libras tur. pro solutione quarum ad instans Paschæ per nos facienda illustris et Karissimus dominus noster, Dei gratia rex Navarre, Campanie et Briæ comes palatinus, se garantizatorem constituere bene voluit et ex inde debet litteras suas dictis mercatoribus tradere. Nos vero eidem domino nostro concessimus quod si occasione hujus guarandie dampnum aliquid incurreret, ipse inde se teneret ad ea omnia que habemus et habere debemus, in testimonium cujus rei presentem cartam fieri fecimus, et ego H. de Fontebeton sigillavi. Actum apud Accon anno Domini MCCXL mense mayo.

(Bibl. Nat., Ms. latin 17803, fº 130, Nº 342, copie moderne. — Le sceau d'Henri de Fontaine-Béthon n'est pas décrit ; il est probable qu'il manquait à l'original).

INDEX

DES

NOMS DE PERSONNES ET DE LIEUX

[illegible]

198

[illegible]

INDEX

DES

NOMS DE PERSONNES ET DE LIEUX

A

B

C

D

E

F

Fleury, 110.

Fontaine, 63.

Fontaine (Serein de), 52, 64, 143.

Fontaine-Béthon (Colet de), 66, 160.

— (Henri de), 65, 143, 159, 160, 190.

Fontainebleau, 150.

Fontaine-Daniel, 150.

Fontaine-Denis, 11, 42, 45.

Fontaine-Guérin, 54, 64.

Fontaine-Henry, 54.

Fontaine-Jean, 150.

Fontaine-Marie, 150.

Fontaine-Odon, 150.

Fontaine-Raoul, 150.

Fontaine-Richard, 150.

Fontaine-Roger, 150.

Fontaine-Simon, 150.

Fontaines (Guérin de), 54, 64.

Fontbéton, 153.

Forestière (la), 63.

Forez (comté de), 127.

Forge, (Jacques), 179, 181.

— (Jean), 179.

Four (Pierre du), 180.

Franche-Comté, 93.

Francières, 181.

François (Louis), 179, 181, 186.

— (Nicolas), 179, 181.

François Ier, 97, 98, 100, 107, 108, 170.

François II, 109.

François, duc de Bretagne et dauphin de France, 100.

Fresles, 154, 156.

Fromond, évêque de Troyes, 150.

Frouezat, 165.

Fuzeau (Georges), 185, 188.

G

Gacolo (Agapet), 123.

Gancourt, 154.

Gand, 151.

Garcie, 124.

Géant, 110.

Gérard (Louis), curé de

H

L

M

N

O

P

R

S

T

U

V

Y

TABLE DES MATIÈRES

FIN DE LA TABLE

Saint-Amand (Cher). — Imprimerie de DESTENAY.

CONSEIL HÉRALDIQUE DE FRANCE

CONSEIL HÉRALDIQUE DE FRANCE

*De tout temps, les familles ont très-légitimement at-
taché le plus grand prix à leur histoire personnelle,
relatant authentiquement les degrés de leur généalogie
et les gloires de leur ascendance ; mais à aucune époque,
croyons nous, l'honneur d'appartenir à une noble race
n'a été plus universellement apprécié.*

*Dans toutes les provinces, les études héraldiques et
les recherches généalogiques se multiplient incessamment,
apportant, le plus souvent, aux érudits de curieux matériaux pour l'histoire de l'ancienne société, précieux
surtout par leur nouveauté, aux familles des révéla-
tions bien inattendues et des plus honorables sur leur
origine.*

Combien de nobles maisons, en effet, ignorent encore leur source première et leur antique illustration, clairement consignées, cependant, sur le vélin jauni des vieux cartulaires, trop longtemps négligés !

Combien de généalogies sont outrageusement incomplètes, soit parce que la filiation pourrait être remontée d'un nombre plus ou moins considérable de degrés, soit parce que beaucoup de membres de la race ont été omis, surtout aux degrés les plus élevés, le généalogiste les ayant ignorés ou ne s'étant occupé que d'établir la filiation de l'aînesse !

Combien de familles, un instant déchues, puis restaurées par un labeur fructueux, ne se doutent même pas qu'elles ont eu jadis une situation sociale plus ou moins relevée !

Les souvenirs de la famille sont l'objet d'un culte pieux, que l'on ne saurait trop exalter, car il a pour effet de susciter une généreuse émulation, féconde pour la patrie non moins que pour la race.

Le Conseil Héraldique de France se charge de tous les travaux d'érudition qui intéressent l'honneur des gentilshommes et de leur maison.

Recherches généalogiques : *Fixation des degrés filiatifs, histoire et cartulaire des familles.*

Armoiries : *Recherches, définitions, certificats, desseins ou peintures, copies photographiques.*

Titres de noblesse : *Collations, transmissions et reliefs. Consultations, démarches et renseignements de toute nature.*

Noms : *Modifications, additions, transmissions.*

Chartes et cartulaires : *Copies et extraits manuscrits ou photographiques, aux Archives Nationales, au Cabinet des titres et dans les archives privées.*

Copies et traductions d'actes et de titres de toute nature, avec ou sans légalisation.

Révision des travaux généalogiques de toute sorte. Inventaire et classement des archives privées.

Châteaux : *Monographies et photographies.*

Le Conseil Héraldique de France a pour devise : Labor et probitas. *Ses membres sont hommes d'honneur et de savoir, et son président est M. le vicomte Oscar de Poli, le laborieux et consciencieux écrivain si profondément versé dans toutes les questions qui touchent au droit et à l'histoire des familles françaises.*

La correspondance n'est lue que par le président, et toutes les communications sont considérées comme des

*secrets d'honneur. Les documents communiqués sont
renvoyés aux familles par la voie qu'elles ont indiquée,
ou par la voie la plus sûre.*

Adresser toutes les communications :

A M. le vicomte Oscar de Poli,

Président du Conseil Héraldique de
France,

Rue des Acacias, 37,

PARIS.

(Le Clairon.)